조선 문화에 관한 제국의 시선

세키노 타다시의 연구 중심으로

Japanese Imperial Gaze on Choson Culture

아연 인문교양총서 4

조선 문화에 관한 제국의 시선

세키노 타다시의 연구 중심으로

류시현 지음

아연출판부
고려대학교 아세아문제연구소

▌목 차▌

❙ 〈아연 인문교양총서〉를 기획하며 ❙

탈냉전 이후 일본과 한국에 이어 중국이 국제무대에서 급부상하면서 동북아는 세계에서 가장 역동적인 지역으로 주목받고 있다. 특히 동북아의 경제적 성장은 지구적 차원의 정치 · 경제적 질서뿐 아니라 문화, 사상, 종교 등 다양한 분야에서 심대한 영향을 미치고 있다. 이러한 동북아의 역동적 변화는 학문적 연구 대상으로도 주목받고 있다. 한편, 이 지역은 역사적 · 문화적 기반을 공유하고 있음에도 불구하고, 침략과 저항, 식민 지배, 냉전으로 대표되는 상호 대립과 갈등으로 점철되어 왔다. 역사적 경험과 현실적 이해에 따라 동북아는 협력과 공존의 방향으로 나아갈 수도, 대립과 갈등으로 나아갈 수도 있다. 동북아에 대한 이해의 폭을 넓히고, 새로운 해석을 제공하기 위해서는 역사 · 사상 · 문화 · 정치 · 경제적으로 그 복합적인 역동성과 상호 대립 · 갈등 · 협력 양상을 분석 · 성찰해야 한다.

최근 동북아에서는 인적 · 사상적 · 물적 교류와 순환이 활발해지면서 이주, 환경, 무역, 국제 협력 등의 영역에서 개별 국가 차원을 뛰어넘는 초국가적 현상이 급증하고 있다. 예를 들면 노동, 결혼, 유학으로 인한 지역 내 인구 이동으로 내국인과 이주 외국인 간의 상호 충돌 혹은 공생관계라는 측면에서 다문화, 시민권과 국적, 정체성 문제가 복합적으로 얽혀 있다. 이러한 현상을 총체적으로 이해하기 위해서는 국가 단위의 분석에 치중해 온 기존의 접근과는 다른, 새로운 초국가적 접근 방법이 필요하다.

지역공동체를 오래 전부터 구상해 온 유럽에서는 지역 전체를 하나의 단위로 보는 연구가 활발하지만, 동북아에서는 그러한 시도가 아직 미미한 수준에 머물러 있다. 또한 그 동안 국내의 해외 지역 연구는 인문학과 사회과학 간의 학문적 경계가 높아 학제적 공동 연구가 취약했다. 역동적인 동북아에 대한 보다 정확하고 심층적인 이해 · 분석을 위해서는 중국학, 일본학, 한국학 등 국가 단위의 분절적 지역 연구를 넘어 동북아를 분석 단위로 하는 지역 연구가 필요하다. 아울러 인문학과 사회과학으로 나뉜 기존의 동북아 지역 연구 관행을 뛰어 넘는 학제 간 종합적 지역 연구도 요구된다.

아연은 1957년 설립 이래 학제 간 연구 실적 축적과 동북아 지역 연구의 선도적 역할, 안정적 재정과 연구 인력 확보, 지속적인 연구 인프라 구축, 동북아 지역 전문 연구재단 등재지 발간, 사회와의 소통 등 다방면에서 국내 최고 수준의 대학 부설 연구소로 자리매김해 왔다. 이런 성과를 바탕으로 2008년부터 한국연구재단의 '인문 한국'(HK) 사업 해외 지역학 분야의 지원기관으로 선정되어, '동북아시아의 초국가적 공간: 사상, 사회문화, 제도의 교류와 재구성'이라는 연구 의제를 중심으로 대규모 연구 사업을 진행하고 있다. 아연은 '인문 한국' 사업의 성과, 각종 동북아 지역 연구 지원, 국내외 소장학자 교류 지원 프로그램을 기반으로 한 연구 성과를 〈아연동북아총서〉를 통해 발간함으로써 학계에 크게 기여한 바 있다.

아연은 '인문 한국' 사업을 마무리하는 현 시점에서 〈아연 인문교양총서〉를 기획했다. 본 총서는 동북아 근현대 시기에 한국에서 활동했던 외국인 가운데, 동북아 근현대의 경제 · 학술문화 · 사회운동 등 각 방면에서 비교적 큰 영향을 미친 인물을 선정하여, 그 사상과 활동을 정리하고 평가하는 것을 목표로 한다. 이는 동북아에 대한 제국과 식민지, 지배와 피지배 등의 구도로만 파악했던 기존의 연구 관행을 뛰어넘어 상호 이해와 긍정적 영향을 주었던 것을 역사적 사실을 재조명하고자 하는 것이다. 이를 위해 동북아의 초국가적 공간 속에서 국가 간 민족 간 대립 갈등이라는 상황 속에서도 동북아의 교류에 기여하려 했던 역사적 인물들을 발굴해 널리 알리고자 한다. 이 총서가 동북아에 화해와 평화가 가능하다는 인식을 사회적으로 확산하는 장이 될 수 있기를 기대한다.

2018년 2월

아세아문제연구소 소장 이 종 화

▌책을 펴내며▐

공부하는 기간이 길어지면서, 연구 영역은 확장되는 대신 점점 좁아지고 있다. 필자는 한국 근현대사 연구자로서 당대의 문화사와 사상사에 관심이 많다. 이에 관한 호기심은 '한국학'의 기원이 되는 '조선학' 연구가 어떻게 이루어졌는지에 관한 탐색으로 이어졌다. 이는 연구 영역이 좁아졌다고 볼 수 있지만, 자료와 사료를 통해 관련 주제를 조금이나마 깊게 볼 수 있는 즐거움이 있다.

우선 당대 조선학을 연구했던 인물로 신채호, 안확, 최남선, 문일평 등의 조선 역사와 문화 관련 연구 활동에 주목했다. 인물에 관한 연구는 주제별 연구로 넘어갔다. 조선의 역사 특히 통사(通史)가 민족사로 어떻게 구성되었는지를 살펴보았다.

민족사적 관점에서 역사를 살펴보는 것이 무엇일까? 신라의 삼국 통일을 예로 들면, 민족사 관점에서 보면, '한민족' 역사의 새로운 출발점이란 측면에서 긍정적으로 볼 수 있으면서도 외세인 당나라의 도움을 받았다는 점을 비판적으로 해석할 수 있다. 이렇듯 조선 역사와 문화에 관한 연구에서 '민족'이란 공동체의 정체성이 무엇인지를 규명하는 것이 병행되어야 한다.

공동체의 정체성을 확인할 수 있는 연구 주제로는 민족사 외에도 '조선'이란 외연과 내포를 담고 있는 문화 영역에서 찾을 수 있다. 사상·종교적으로는 '조선 불교', '조선 유교', '조선 기독교'" 등이, 예술문화적으로 '조선 미술', '조선 음악', '조선 문학' 등이 이러한 주제에 해당한다. 이 책은 '조선 미술'이 무엇인지에 관한 탐색의 한 결과물이다.

한말과 일제강점기를 이해하기 위해서는 식민지 조선뿐만 아니라 제국 일본의 역사적 경험과 기억을 살펴보아야 한다. 특히 '근대'의 관점이 적용되면, 근대적 학문 방법론이 일본으로부터 소개되고 수용된 측면을 고려해야 한다. '조선 미술사'의 경우에도 그러했다. 많은 한국인 연구자와 함께 일본인 연구자의 활동과 연구 업적을 보아야 한다.

당대 조선 문화를 연구한 일본인 학자 가운데 대표적인 인물이 세키노 타다시(關野貞: 1867~1935)였다. 그는 일본 토교제국대학을 졸업하고, '건축사학자'로서 같은 대학 교수로 재직했다. 그는 동양과 일본의 예술품에 관한 조사, 연구와 함께 조선의 유물과 유적을 '근대적' 방법론에 입각해서 조사 활동을 수행하고 『조선고적도보』, 「조선 미술사』 등의 저서와 관련 논문을 집필했다.

'조선 미술'을 살펴보기 위해서는 세키노의 삶과 연구 활동이 어떠했는지를 살펴보아야 한다. 실제로 당대 조선인 연구자들의 글에서도 그의 연구가 많이 인용되고 근거의 자료로 활용될 정도로 많은 영향을 주었음이 확인된다. 뿐만 아니라 '조선 미술'의 '개척자' 역할을 담당했던 세키노의 연구와 조사 자료는 오늘날의 연구에서도 중요하게 활용되고 있다.

그렇다면 '조선 미술' 연구의 차원에서 세키노에 관해 어떻게 연구할 것인가에 관해 방향을 설정해야 한다. 이 책에서는 조선 미술 연구와 관련된 영역에서의 그의 연구와 조사 활동에 주목했다. 따라서 일본과 중국을 포함한 동양 문화 전반에 걸친 연구자 세키노의 전체 활동을 조망하지는 못했다.

'조선 미술'이란 주제에 접근하기 위해서는 세키노의 조선 관련 활동으로 한정하는 것이 요구된다. 따라서 한국 예술과 미술을 연구했던 외국인 연구자인 야나기 무네요시(柳宗悅), 안드레 에카르트의 견해와 비교하면서 세키노의 연구와 조사 활동을 살펴보았다. 또한 '조선 미술'과 관련해서 국내 언론 매체에 소개되거나 안확, 박종홍, 이병도, 최남선, 고유섭 등의 글에 인용되거나 반론이 제기된 내용을 검토했다.

책을 준비하면서 몇 가지 물음을 계속 고민했다. 우선 세키노의 학문 업적 가운데 일본과 중국 나아가 동양 문화에 관해 다루지 못했다는 점이다. 그리고 '정치적' 색채를 보이지 않는 세키노의 학자적 활동에서 비판직 대안을 찾는 것은 쉽지 않은 과제이다. 게다가 관련 주제에 관한 한국인 학자에 대한 연구도 제대로 파악하지 못한 상황에서 일본인 연구자에 관한 연구의 이유를 찾아야 했다.

'조선 미술'에 관한 연구는 공동체의 정체성을 규명하는 작업의 일환이 된다. 한국학 연구 등으로 대표되는 정체성 연구는 공동체의 역사와 문화 속에서 세계에 유례가 없다는 '유일성'과 독자적이었다는 '독창성'이었다는 주장을 앞세워서는 설득력을 없다고 생각한다. 따라서 이에 관한 '타자'의 시선을 살펴보아야 한다. 특히 세키노는 식민지 조선 사회에 제국 일본에 의해 가능했던 학문적 '권위'와 영향력이 존재했다.

'조선 미술'이란 주제와 관련해서도 세계적 맥락 속에서 규명하는 것이 필요하다. 벗어나고자 하더라도 지역을 염두에 둔 근대 인문학 관련 연구는

'서양'이면서도 세계라고 번역된 공간을 염두에 두면서 구성되어야 한다. 또한 '조선' 미술은 동양보다 구체적으로 중국과 일본을 염두에 두면서 구도를 설정해야 한다. '동양 미술'이란 전체적인 조망 속에서 조선 미술을 살펴본 세키노의 연구 방법론은 여전히 많은 시사점을 제공하고 있다.

책을 마무리하는 과정이 예상보다 시간이 오래 걸렸다. 그럼에도 불구하고 묵묵히 지켜봐 준 고려대학교 아세아문제연구소의 송규진 선생님, 김종태 선생님께 감사드린다. 물론 좋은 책을 만들어준 아연출판부의 관계자분들에게도 고마움을 전하고자 한다. 참고로 책을 집필하면서 당대 어려운 일본어에 관해 문장의 뜻에 어긋나지 않는 범위에서 현대문으로 윤문했으며, 미술 관련 전문 용어는 가급적 풀어서 쓰고자 했다.

2019년 5월

류시현

1장

학문 수련 과정과 한말 한국의 고건축 조사

출생과 근대적 학문 수련

서구의 시선에 의해 '동양'이 규정되고 이를 통해 서양이라는 주체가 새롭게 형성되는 것을 '오리엔탈리즘'이라고 한다. 서양은 '동양'이란 심상적 공간을 상정하고, 그곳에 살고 있는 사람들을 "게으르다", "나태하다", "야만적이다" 등의 부정적인 이미지를 만들었다. 이러한 인식은 해당 지역을 지배하는데 유리하게 활용됐다. 근대 이후 제국은 식민지를 지배하기 위한 논리를 만들었다. 식민지를 대상으로 한 부정적 인식은 상대적으로 '우월'한 서양 이미지를 형성해서 식민 통치를 하는 데 유리하게 작용했다.

서양의 동양에 대한 인식은 동북아시아 지역에서 적용되었다. 한국, 중국, 일본 등의 동북아 세 나라 가운데 일본은 메이지 유신(1868) 등으로 '근대화'에 앞서 나가게 되었다. 그리고 일본은 1900년의 '의화단의 봉기' 등에 적극 개입하고, 해양세력의 이해를 대변해서 영일동맹, 러일전쟁 등을 수행했다. 이 과정에서 일제는 한국인과 중국인에 관한 부정적인 이미지를 만들었는데, 이를 '일본의 오리엔탈리즘'이라고 할 수 있다.

일본은 한국을 지배하고자 타자에 관한 부정적인 인식과 논리를 만들어갔다. 일제가 조선을 식민지로 만들기에는 쉽지 않았다. 군대와 기계 등의 물질적 영역에서는 앞섰다고 주장했지만, 조선인들은 일본인보다 문화적으로 앞선다는 자부심이 높았다.

역사적으로 한국인들은 한국이 일본에 불교와 유교를 전파했으며, 그림과 도자기 등 예술과 공예를 전해주었던 사실을 기억하고 있었다. 따라서 일제는 한말 시기부터 한국에 관한 부정적인 이미지를 전방위적으로 만들어나갔다. 한말 시기 어떤 일본인은 조선과 일본의 문화를 다음과 같이 비교했다.

> 육조의 관아 및 친군의 병영, 천문지리를 맡은 관공서는 광화문 앞의 큰길을 따라 기와지붕이 줄지은 처마를 접한다. 그러나 그 건축은 그다지 볼만한 것이 없다. 어느 때에 세워졌는지 처마가 찢어져 달빛이 비치고, 마당이 황폐해져 참새가 운다. 이곳은 곧 팔도의 정령(政令)이 나오는 관청이다. 일본의 황거가 장대한 것을 보면 국가가 큰 것을 모를까? 왕궁이 이미 이와 같다.[1]

일본과 조선 사이의 국력을 비교하기 위해 건축과 같은 예술적 요소가 활용되었다. 일본의 수도 도쿄와 조선의 수도 한성이 대비되었다. 조선과 관련된 정보를 수합했던 그는 조선 수도의 건축물에 관해 볼 만한 것이 없으며 심지어 황폐했다고 단정한 것이다. 나아가 전자의 '장대함'과 후자의 '볼만한 것이 없음'이 대비되면서 조선의 쇠약함이 비판되었다. 예술품에

1 本間久介, 1894, 『朝鮮雜記』; 혼마 규스케, 최혜주 역주, 2008, 『조선잡기』, 김영사, 40쪽.

관한 평가가 정치적으로 활용된 것이다.

20세기 초반에도 미술은 새로운 영역이었다. 1909년 출판된 장지연의 『만국사물기원역사』에서도 조각과 회화 등은 순수 예술이기보다 공예의 일환으로 소개되었다.[2] 이렇듯 20세기 초반까지 근대적 학문과 예술 영역에서 '미술'이란 학문은 여전히 독자적인 학문으로 제대로 정립되지 않았던 상황이었다. '조선 미술'이란 학문적 영역을 일본인 학자들이 새롭게 만들어 갔다.

한말과 일제강점기에 일본인 학자들은 서구로부터 수용된 근대적 방법론에 입각해서 조선 역사와 문화를 연구하기 시작했다. 이를 통해 부정적인 조선 문화 나아가 조선인의 정체성을 만들어 식민지를 통치하기 위한 논리를 구성하고자 했다. 조선 예술 그리고 조선 미술에 관한 학술적 연구로 이러한 주장을 뒷받침하고자 한 것이다.

근대적 학문 방법론에 입각한 조선 예술에 관한 연구가 성립되는 과정에서 일본 관학자의 '영향'은 컸다. 연구자이면서 촉탁 등으로 관료 조직에서 활동한 이들의 조선 문화에 관한 조사 사업은 일제의 식민 통치에 효과적으로 활용하기 위해 치밀하게 진행되었다. 한국 문화에 관심을 가졌던 이들 일본인 학자 가운데 대표적인 인물이 세키노 타다시(關野貞; 1867~1935)였다. 그는 한말 시기부터 일제강점기인 1930년대 중반까지 조선의 유적과 유물 조사를 본격적으로 추진한 인물이었다.

세키노는 조선의 고적 관련 조사에서 '대표성'을 지닌 인물이었다. 이종수는 "세키노 타다시는 일제강점기 조선 고적 조사에 있어 가장 커다란 족

2 장지연, 『만국사물기원역사』, 1909; 황재문 옮김, 『만국사물기원역사』, 한겨레출판, 2014, 275~286쪽.

적을 남긴 일본인 학자이다. 그는 조선의 고적조사와 서로 나누어 이야기할 수 없는, 이 분야의 상징적인 존재였다. 건축학을 전공했던 그는 평생을 고건축과 고분 등의 조사 현장 속에서 보냈다."[3]라고 평가했다. 그는 많은 조선 고적과 유물을 연구했던 일본인 학자들 가운데 학문적 권위가 인정된 인물이었다.

세키노의 학문적 업적에 관한 한국과 일본의 평가는 나누어진다. 일본에서는 세키노를 '건축 사학자'로 본다. 그의 학문적 자세를 "그의 흥미는 항상 개별적인 자료에 기본으로 삼아 전개한다. 대상의 구체성을 떠난 이론 체계의 수렴, 또는 유품의 매력에 홀린 사변적 고찰에 침잠하는 것 등에 그는 전혀 관심을 보이지 않았다. 그러한 반면에, 대상을 정확하게 포착하고자 하는 눈은 연마하고 있으며, 관찰한 내용을 도면, 스케치, 문자, 사진으로 옮기는 작업에 열심히 숙련했었다. 관찰의 예민함은 예를 들어 불상을 스케치할 때에 반드시 옷 모양의 단면의 곡선을 그리는 것을 잃지 않으려고 하는 것에도 잘 드러나 있다."[4]라고 보았다.

반면 우동선은 "한국과 일본에서의 평가를 비교하여 보면 한국 쪽에서는 세키노의 사관을 문제로 삼고 있고, 일본 쪽에서는 그의 연구 방법과 보존에 방법을 두고 있음을 알 수 있다. … 한국과 일본의 이러한 평가를 단순히 조합하면, 그의 연구를 방법은 좋았으나 목적과 결과가 나쁜 것으로 이해하게 된다."[5]라고 보았다.

---

3 이종수, 2006, 「일제강점기 關野貞의 고구려 고분벽화 조사에 대한 고찰」, 명지대학교 석사 논문, 3쪽.

4 稻垣榮三, 1983, 「中國・朝鮮似おける建築遺跡の研究:關野貞と建築史學」, 『綜合研究資料展示解說』, 東京大學綜合研究資料館, 48쪽: 우동선, 220~221쪽 재인용.

5 우동선, 2003, 「세끼노 타다시(關野貞)의 한국 고건축 조사와 보존에 대한 연구」, 『한국근현대미술사학』 11,

한국에서는 세키노의 사관(史觀) 즉 역사적 관점에 주목했다면, 일본에서는 그가 '개척'했던 근대적 연구와 보존 방법에 긍정적 평가를 하고 있다. 특히 유물을 보존하는 것과 관련된 그의 학문적 성취에 관해서는 연구자들 사이에서 긍정적인 평가가 높다.

일본에서는 "세키노의 업적 중에서 놓쳐서는 안 되는 것은 문화재 보호에 관한 실천 활동에 있다."라고 보았다. 그리고 "그의 연구 그 자체가 문화재 보호와 밀접 불가분의 관계에 있다고 해도 좋고, 조사, 지정, 보존, 수리라는 일련의 작업이 그에 의해서 하나의 체계로써 완성될 수가 있었다. 동시에 그는 문화재 보존의 필요를 기회 있을 때마다 주상하여, 일본뿐만 아니라 조선과 중국에서도 보존의 태세를 확립해야만 한다."라는[6] 점이 강조되었다.

한국에서도 근현대란 격동기 속에서 이루어진 세키노의 고적 조사 활동을 학문적으로 긍정적으로 평가했다. 우동선은 그의 활동이 "그에 후속하는 일본인 건축사가들이 연구하는 토대가 되었고, 일제 말의 혼란함과 한국전쟁으로 실물 건축물이 파괴된 이후에는 사라져버린 건축물에 대한 기록으로서 현재 우리들의 기초 자료가 되고 있다."[7]라고 보았다. 유물의 보존과 보호와 관련해서 일제강점기에서 해방 이후로 연결되는 '계승성'에 주목하였다.

한국근현대미술사학회, 221쪽.

6 稻垣榮三, 1983,「中國・朝鮮似おける建築遺跡の研究:關野貞と建築史學」,『綜合研究資料展示解說』, 東京大學綜合研究資料館, 48쪽: 우동선, 220~221쪽 재인용.

7 우동선, 2003,「세끼노 타다시(關野貞)의 한국 고건축 조사와 보존에 대한 연구」,『한국근현대미술사학』 11, 한국근현대미술사학회, 211~212쪽.

물론 한국과 일본 사이의 세키노에 관한 입장 차이뿐만 아니라 조선 안에서 했던 활동 안에서도 긍정과 부정의 측면이 함께 평가되었다. 강현은 "세키노의 건축 등급 분류는 보존의 대상을 선별하여 보존이 되도록 하였다는 긍정적인 효과를 줌과 동시에 저평가된 문화재에 대한 훼손이나 철거, 옮겨 새로 세움 등의 배경이 되어 부정적인 효과도 동시에 미쳤다."[8]라고 보았다.

이상에서 살펴보았듯이 세키노는 조선 문화에 관한 자료를 체계적으로 정리했으며, 우리나라 최초로 미술사를 정리했던 인물이었다. 거듭 그는 "한국 근대 '문화재사'를 언급할 때, 초창기에 반드시 언급되어야 할 인물"[9]로 평가된다.

실제로 세키노는 한말과 일제강점기에 식민지 조선의 예술을 깊게 연구했다. 1909년부터 1934년까지 세키노는 25년에 걸쳐 조선의 고적 조사에 참여했다. 이 기간 동안 그는 여러 직함을 지냈다. 강제 병합 이후 조선총독부로부터 어원(御苑)사무국평의원촉탁(1910년 8월), 사사고적등 예술에 관한 조사촉탁(1910년 10월), 사료조사에 관한 조사촉탁(1912년 8월) 등을 지냈고, 조선에서 고적조사가 조직적으로 정비가 된 이후 조선고적조사위원(1916년 이래),박물관협의원(1916년 이래), 보물고적명승천연기념물보존위원(1933년 이래)을 지냈다.[10]

또한 세키노는 『조선 미술사』 등의 저술을 통해 식민사학의 토대를 구

8 강현, 2005, 「관야정과 건축문화재 보존」, 『건축역사연구』 14, 한국건축역사학회, 54쪽.

9 金東園, 『「韓國文化財」形成過程に關する 史的考察』, 東京外國語大學 博士論文, 2017, 11쪽.

10 金東園, 『「韓國文化財」形成過程に關する 史的考察』, 東京外國語大學 博士論文, 2017, 96쪽.

축하고 일본의 '한국학' 형성을 주도했다고 평가되는 인물이었다. 따라서 그의 식민사관에 입각한 조선 문화 연구는 곧 '조선학'의 형성 과정과 연결되었다. 한국학의 기원을 계보학적으로 검토하기 위해서는 한국인의 관점에서 일본인 관학자인 세키노의 학문적 성과를 비판적으로 살펴보는 것이 요구된다.

세키노는[11] 1868년 1월에 니가타현(新瀉縣) 다카다번(高田藩)에서 태어났다. 이곳은 지금의 조에쓰시(上越市)에 해당한다. 아버지는 낮은 녹봉을 받던 하급 무사 출신이었으며 소학교(오늘날 초등학교)의 교원으로 근무했다. 세키노는 13세가 되던 해에 소학교를 들어갔고, 1886년에는 중학교를 졸업했다.

중학교를 졸업한 후 도쿄로 상경한 세키노는 1888년부터 4년간 제일고등중학교를 다닌 후 25살이 되던 1892년에 도쿄제국대학 공과대학 조가학과(造家學科)에 입학하였다. 도쿄제대 조가학과는 1898년에 건축과로 개칭했다.

대학 재학 중인 1894년 나라(奈良) 수학여행에서 봉황당(鳳凰堂)을 실측하는 경험을 쌓은 후, 1895년에 대학을 졸업했다. 봉황당은 998년 교토 외곽인 우지시에 있는 뵤도인(平等院)에 세워진 건물로, 이 건축물은 1893년에 열린 시카고 박람회에서 전시될 정도로 일본 전통 문화의 상징적인 존재였다.

그는 졸업 설계 작품으로 'Military Museum'을 제출하였고, 졸업 논문으

11 그의 약력은 이종수, 2006, 「일제강점기 關野貞의 고구려 고분벽화 조사에 대한 고찰」, 명지대학교 석사 논문, 3-5쪽 참조.

로 「봉황당건축설」을 발표하였다. 학교생활 동안 세키노는 서양 건축에 정통했던 2세대 그룹의 일원으로 제국대학 3년간 수업의 성과로 'School of Architecture'라는 제목으로 졸업 논문과 'Military Museum'이란 제목의 졸업 설계 작품을 제출했다.[12]

1895년 7월 도쿄제국대학 공학부 조가학과를 졸업한 후 그의 스승이었던 타츠노 킨코(辰野金吾) 밑에서 잠시 일본은행 신축 공사와 관련해서 내부 장식 설계에 참가했다. 1896년 3월에 사임하고, 미술학교의 강사로 건축 장식 및 제도를 강의하였다. 얼마 안 있어 '일본건축사의 창시자'라고 말해지는 이토 추타(伊東忠太; 1854~1919)의 권유로 1896년 12월 나라현의 기사로 부임, 건축 문화재 수리를 담당하게 되어 건축 문화재 보존과 매우 밀접한 관련을 갖게 된다.[13] 이후 고사사(古社寺) 보존 계획 및 수리공사 감독을 담당하며, 동시에 고사사보존회 위원으로 활동했다.[14] 1896년에 결혼했다.

1901년 34살의 나이에 도쿄제국대학 공과대학 조교수에 임명되었다. 1907년(40세)에 중국으로 파견되었고, 같은 해 아내가 사망했다. 그리고 1908년에 공학박사 학위를 받았다. 이후 그는 도쿄제국대학의 조교수, 교수를 역임하며 조선총독부의 촉탁, 조선보물고적명승기념회 위원 등을 지냈다.

세키노는 한국 건축사, 미술사, 고고학의 영역에서 선구자 역할을 담당했다. 그는 "유리한 입장에서 한국의 모든 건축물, 그림, 글씨, 조각물, 유적

---

12 金東園, 『「韓國文化財」形成過程に關する史的考察』, 東京外國語大學 博士論文, 2017, 79쪽.
13 강현, 2005, 「관야정과 건축문화재 보존」, 『건축역사연구』 14, 한국건축역사학회, 44쪽.
14 강현, 2005, 「관야정과 건축문화재 보존」, 『건축역사연구』 14, 한국건축역사학회, 44쪽.

등을 연구할 수 있었다. 그리하여 세키노 타다시는 소위 근대적인 의미에서 한국의 건축사, 미술사, 고고학이라는 여러 학문의 모두(冒頭)를 장식할 수 있었다."[15]라고 평가되었다.

세키노의 1910년대 약력을 추가해서 살펴보면, 1916년 4월에 총독부박물관 박물관협의원 및 고적조사위원에 선임되었다. 그리고 1918년 1월에 일본 문부성 지원으로 유럽 유학에 나섰는데 이때 방문지로 중국과 인도를 추가했다. 동양 문화의 기원을 이루는 중국과 인도의 방문에서 그의 동양미술에 관한 관심을 확인할 수 있다. 그리고 1918년 3월 박물관 관련 조사 및 중국 문화재의 구입을 담당하는 임무를 맡고 위촉되었다.[16]

1916년 조선총독부 고적조사위원회 설립 이후 본격적인 고적조사사업이 실시되었다. 따라서 한말부터 1915년을 "세키노 타다시를 중심으로 한 고건축·고적 조사시기"[17]로 규정할 수 있다. 최석영은 일본인들의 조선 연구를 6시기로 구분하고 2번째 시기인 1902년부터 1914년까지를 2기로 설정했다.[18] 이 기간 동안 세키노는 야츠이 세이이치(谷井濟一), 쿠리야마 준이치(栗山俊一)와 한 팀이 되어 고건축, 고미술 분야를 조사했다고 보았다. 즉 이때 이루어진 세 사람의 조선 고적 조사 활동에 주목해야 한다.

15 우동선, 2003, 「세끼노 타다시(關野貞)의 한국 고건축 조사와 보존에 대한 연구」, 『한국근현대미술사학』 11, 한국근현대미술사학회, 211쪽.

16 이태희, 「조선총독부박물관의 중국 문화재 수집」, 『미술자료』 87, 국립중앙박물관, 2015, 158쪽.

17 이순자, 『일제강점기 고적조사사업 연구』, 경인문화사, 2009, 14쪽.

18 최석영, 2012, 『일제의 조선 연구와 식민지적 지식 생산』, 민속원, 285~286쪽.

1902년 한국의 고건축 · 고적 조사

한국인에게 미술은 낯선 개념이었다. 19세기 말에 조선을 찾아왔던 어떤 일본인은 "조선 사람은 미술적 감정을 갖고 있지 못하기 때문에 전국에 가는 곳마다 정원을 볼 수가 없다. … 정치적인 눈으로 시찰하면, 조선 사람은 어둡고 낮잠 속에 있다. 참으로 걱정할 만하다. 그러나 세속을 떠난 은자의 눈으로 시찰하면 한가하고 유유하고 진정 별천지의 사람이다."[19]라고 해서 조선 사람은 미술적 감정을 가지고 있지 못하다고 단정했다.

세키노는 1901년 9월 도쿄대학 공과대학 건축과 조교수가 되고 다음 해인 1902년에 조선의 고건축 조사를 시작하면서 조선의 예술과 문화 연구를 시작하게 되었다. 1902년은 러일전쟁(1904~1905) 직전의 시기로 "일본 '제국'의 조선 침략을 노골적으로 드러냈던 시기"[20]와 맞물린다.

세키노의 학술 활동에 관해 최남선은 1922년의 글에서 "조선에서 실지의 유물 · 유적을 가지고 학술적 연구를 시작하기는 광무 6년에 도쿄제국대학의 세키노씨가 건축 조사에 착수한 것에서 비롯되었다. 그 결과가 그 이듬, 이듬해에 『한국건축조사보고』로 났다"[21]라고 서술했다. 광무 6년은 1902년이고, 1904년에 『한국건축조사보고』가 출간되었고, 이 보고서는 조선의 유적과 유물에 관한 첫 번째 학술 연구라고 평가된다.

1902년 도쿄제국대학 조교수였던 세키노는 1902년 6월 학교로부터 한국의 고건축 조사를 명령받았다. 당시 그는 6월 27일 도쿄를 출발하여 부산,

---

19 本間久介, 1894, 『朝鮮雜記』; 혼마 규스케, 최혜주 역주, 2008, 『조선잡기』, 김영사, 34쪽.
20 金東園, 『「韓國文化財」 形成過程に關する 史的考察』, 東京外國語大學 博士論文, 2017, 11쪽.
21 최남선, 「조선역사통속강화 (4) 고분=개제 4」, 『동명』 6호, 1922.10.8. 11쪽.

마산, 목포, 군산 등을 거쳐 7월 5일 인천에 도착함으로써 한국의 고건축에 대한 조사의 첫발을 내딛었다.

그는 야츠이 세이이치와 구라야마 준이치 등과 함께 62일간 한국에 머물면서 '이 기간 내에 많은 유익이 있는 성과를 얻도록 기획하여' 신라, 고려, 조선 시대의 수도인 경주, 개성, 서울과 그 주위를 중심으로 조사를 시행했다. 당시 조선의 옛 건축물, 특히 궁전, 성곽, 사원, 서원, 능묘, 석조물 등이 주요 조사 대상물이었지만, 조각과 공예품까지도 살펴볼 대상 범위에 포함되어 있었다.[22]

대한제국 정부는 1902년 조사에 관해 세키노의 조사에 적극 협력하도록 각 군수에게 외부 훈령 제15호를 내렸다. 세키노에게 오늘날 여권처럼 조선 안에서 활동할 수 있는 호조(護照)를 발행했다.[23]

구체적으로 1902년 7월 16일에 조선 정부의 관리 유기환은 조선 정부 훈령을 통해 "제국 공과대학 조교수 겸 신궁을 세우는 일을 맡은 기사이며 또한 오래된 고사(古寺)의 보존회 위원이기도 한 세키노는 오는 18일부터 한성을 시작하여 강화, 개성, 파주, 부여, 은진, 경주, 합천 등지를 돌며 조사하거늘, 이 여권과 공문을 가진 바 훈령하니 이 사람이 오거늘 지역의 각 군수를 비롯한 관리들은 보호하여 주도록 하라."[24]라고 해서 이들의 조사 활동에 대해 지방관청이 적극 협조하라고 지시했다.

당시 35세에 도쿄대학에 교수가 된지 2년 정도 지난 세키노의 조선과의

---

22 이순자, 『일제강점기 고적조사사업 연구』, 경인문화사, 2009, 33쪽.

23 우동선, 2003, 「세끼노 타다시(關野貞)의 한국 고건축 조사와 보존에 대한 연구」, 『한국근현대미술사학』 11, 한국근현대미술사학회, 213쪽.

24 이순자, 앞의 책, 34쪽.

인연이 시작된 것이다. 하지만 1902년 7~8월에 이루어진 조선 건축물에 대한 그의 조사는 매우 제한적이었다. 그 자신이 "처음에 나의 출발에 즈음하여 타츠노(辰野) 공과대학 학장은 특별히 명령하기를 한국 건축의 사적(史的) 연구를 목적으로 하고, 또 말하기를 될 수 있는 대로 넓게 관찰하라, 깊지 않더라도 관계없다고 했다."[25]라고 밝혔듯이, 연구 시기와 연구 대상이 매우 제한적이었다.

김동원(金東園)은 이러한 도쿄제국대학의 학술조사 활동 전반의 맥락 속에서 최초의 해외 학술조사가 대만에서 시작된 점에 주목해서 메이지 정부의 식민지 확장을 위해 "대학이 적극적으로 해외 학술조사"에 참여한 것으로[26] 해석했다.

특히 1902년 당시 일제가 한사군(漢四郡)과 고구려 유적을 조사한 이유는 "역사 이래로 한반도가 중국의 영향력 하에 있었음을 강조하고 이를 통해 한민족의 독자성을 부인하여 일제의 한국 침략과 지배를 역사적으로 정당화 · 합리화하려는 타율성의 증명 의도가 반영된 것"[27]이었다. 대상 지역도 서울, 개성, 경주, 대구 등으로 제한된 점도 주목된다.

당시 세키노의 조사 활동은 신라, 고려, 조선의 수도를 중심으로 이루어졌고, 대한제국과 일본 사이의 관문인 동래와 팔만대장경을 소장하고 있던 합천 해인사라는 두 곳이 대상 지역으로 한정되었다.

1902년 세키노의 조사 내용은 1904년에 『한국건축조사보고』라는 제목

---

25 세키노 타다시, 강봉진 역, 『한국의 건축과 예술』, 산업도서출판공사, 1990, 36쪽.

26 金東園, 『「韓國文化財」 形成過程に關する 史的考察』, 東京外國語大學 博士論文, 2017, 38쪽.

27 이순자, 『일제강점기 고적조사사업 연구』, 경인문화사, 2009, 99쪽.

으로 『동경제국대학 공과대학 학술보고』에 수록되었다. 일본인 학자에 따르면 이 보고서에 관해 "1902년 처음으로 조선에 부임하여, 그 조사결과를 정리한 『한국건축조사보고』(동경제국대학 공과대학 학술보고 제6호, 1904)는 일본에 있어서 최초의 조선의 유구·유적에 관한 소개였다. 그것은 건축을 주체로 하여 석조 건조물, 고분, 불상 등을 포함하고, 시대 구분을 시도하고, 조선 건축의 세부 특색을 열거하는 등 나라에서 습득한 방법을 조선에 적용한 것에 다름 아니었다."[28]라고 보았다.

1904년의 이 보고서는 최초의 한국 건축에 대한 근대적 조사 보고라는 점에서 크게 주목받았다.[29] 그리고 한국 건축에 대한 최초의 역사적 체계 구축을 시도하고 한국 건축에 대한 통사적 서술을 하고 있다고 규정되었다.[30] 이외에도 "『조선건축조사보고』는 당시 아직 고고학과 미술사, 그리고 건축사학 등 여러 학문의 경계가 분명하지 않던 시절에 간행된 최초의 문화재에 대한 종합적인 학술 보고"[31]라고 평가되었다.

또한 "당시 한국에 대한 자료가 많지 않던 상황에서 한국의 유적·유물에 대한 관심을 두었던 많은 일본인들에게 일종의 지침서가 되었는데, 특히 주목되는 것은 한국의 건축을 설명하면서 중국과 일본 건축과 비교하여 한국 문화의 모방성을 강조하는 방식으로 서술한"[32] 자료로 일컬어진다.

---

28 稲垣榮三, 1903, 「中國·朝鮮似おける建築遺跡の研究:關野貞と建築史學」, 『綜合研究資料展示解說』, 東京大學綜合研究資料館, 47쪽: 우동선, 219쪽 재인용.

29 도연수·한동수, 2013, 「세키노 타다시의 『한국건축조사보고』 도판 오류에 관한 연구」, 『대한건축학회 논문집』 29-3, 대한건축학회, 156쪽.

30 강현, 「관야정과 건축문화재 보존」, 「건축사연구』 14-1, 한국건축역사학회, 2010, 49쪽.

31 장인성, 2006, 「관야정의 낙랑유적조사·연구 재검토」, 『호남고고학보』 21, 호남고고학회, 140쪽.

32 이순자, 『일제강점기 고적조사사업 연구』, 경인문화사, 2009, 39쪽.

아울러 건축물에 관련해서는 연구 기간과 사전 준비의 부족으로 조선 시대에 국한된 점이 한계로 지적되었다. 그 이유에 관해 세키노는 "이번 탐험에서 보건대, 한국은 역대 외국의 침략을 받고, 때문에 고대(古代) 유물이 많이 파괴되고 거기에 더욱더 보존의 방법 역시 좋지 않았다. 따라서 고려 시대 이전에 있어서의 건축적 유물이라 할 수 있는 것의 잔존한 것은 근소한 것에 불과했다. 중요한 건축물은 대부분 조선 시대의 축조에 관한 것"[33]으로 규정한 것이다. 1902년 당시 그는 고려 시대 이전의 유적과 유물을 제대로 보지 못했다.

실제로 1904년에 출간된 『한국건축조사보고』에는 삼국시대 특히 고구려와 백제에 관한 내용이 부족했다. 세키노는 이 보고서에서 "옛날 고구려의 중심이었던 평양 및 백제 말년의 도성이었던 부여 지방의 조사를 시행하는 시간적 여유가 없었던 점은 대단히 유감스러운 일이다."라고 해서 고구려와 백제의 수도를 살펴보지 못한 것을 안타깝게 여겼다.

세키노는 같은 글에서 자신의 학문적 조사 영역을 "내 이번의 조사는 오로지 급속을 존중하고 고사(古寺)의 유지(遺址)에 대하여 옛 기와 파편을 수색할 틈이 없었다."[34]라고 보았다. 구체적으로 한국 건축의 사적(史的) 연구에 관해서는 "고려 시대 이전의 것은 재료가 결핍하기 때문에 도저히 그 변천의 일단이라도 알 수가 없었다. 조금이나마 그 연혁의 경로를 알 수 있는 것은 오백 년 이후의 것에 제한했다."[35]라고 보았다. 그리고 물병 즉 도자기

33 세키노 타다시, 강봉진 역, 『한국의 건축과 예술』, 산업도서출판공사, 1990, 37쪽.
34 세키노 타다시, 강봉진 역, 『한국의 건축과 예술』, 산업도서출판공사, 1990, 120쪽.
35 세키노 타다시, 강봉진 역, 『한국의 건축과 예술』, 산업도서출판공사, 1990, 37쪽.

를 의미한 수병(水瓶)에 관해서도 조사한 것이 "몇 종류에 불과하다."[36]라고 하면서 연구의 제한성을 토로했다.

강현은 이 보고서를 "한국 건축에 대한 최초의 사적 체계 구축을 시도하여 한국 건축에 대한 통사적 서술"이라고 평가했다. 아울러 한국과 일본 미술을 대비해서 살핀 비교사의 관점에 주목했다. 그는 "비교사의 관점에 기초하여 한국 건축을 평가하고 있다는 점이다. … 이러한 비교사적 방법은 세키노 타다시가 빠른 시간 내에 한국 건축을 파악하기 위한 가장 효율적인 방법이었던 것으로 생각되는데, 그에 따라 일본에서 축적한 양식적 지식을 바탕으로 한국 건축의 시대 편년과 양식적 가지 판단이 이루어졌음을 의미한다."[37]라고 이해했다.

한편 『한국건축조사보고』에 수록된 신라 토기에 대한 소개도 주목되었다. 차순철은 "세키노의 조사는 연구자에 의한 최초의 정식 학술조사로서 신라 토기가 출토된 지점을 확인한 점에서 의미를 가진다고 할 수 있다. 그리고 세키노 타다시가 『한국건축조사보고』에서 경주의 신라고분에서 출토된 토기를 재확인하였고, 신라 토기가 한반도 계열의 기술에 의해 생산된 토기인 일본 쓰에끼와 유사한 점을 지지하면서 양자 사이의 관련성을 주장하고 있는 점은 주목된다."[38]라고 밝혔다. 일본과 조선 사이의 문화교류 문제는 세키노의 연구 핵심 화두 가운데 하나였다.

반면 세키노의 이 보고서에 실린 도판의 부분적 오류가 있다는[39] 지적과

36 세키노 타다시, 강봉진 역, 『한국의 건축과 예술』, 산업도서출판공사, 1990, 179쪽.
37 강현, 2005, 「관야정과 건축문화재 보존」, 『건축역사연구』 14, 한국건축역사학회, 48~49쪽.
38 차순철, 2006, 「일제강점기의 신라고분조사연구에 대한 검토」, 『문화재』 39, 국립문화재연구소, 105쪽.
39 도윤수, 「세키노 타다시의 『한국건축조사보고』 도판 오류에 관한 연구」, 『대한건축학회논문집』 29-2, 대한

함께 그의 조선 역사와 문화 인식에는'식민사관'의 영향이 깊게 자리 잡고 있었다고[40] 비판되었다. 『한국건축조사보고』에 개제된 조선 역사 전반에 대한 그의 인식은 다음과 같았다.

> 한국은 때때로 대륙의 침략을 받고 한(漢)나라 또는 만주에 예속되었던 때도 있지만 그 예속은 일시적이었거나, 또는 헛된 것에 불과한 것이었고, 실제에 있어서는 거의 시종여일하게 독립국이었던 것으로서, 그 문화는 원래 한토(漢土)의 계발에 영향을 받은 것이 많았으나, 수천 년의 오래된 나라로서 어찌 다소의 특색을 발견할 수 없으랴.[41]

세키노는 일본과 조선과의 관계에 관해 '상고시대' 일본에 복속되었다는 점을 강조했다. 그는 같은 글에서 "3천여 년 전부터 중국의 문화를 받아 개명의 역(域)에 달하고, 상고(上古) 일본에 복속했던 때에는 그 문물, 종교를 일본에서 수입하여 일본의 개화에 도움을 주었던 것이 적지 않았다."라고 보았다. 일본에 미친 영향을 강조하면서도 경상남도 김해에 대해서도 "옛날 일본의 임나부가 있었던 곳으로 즉 대가야국의 고지(故地)"[42]라고 보았다. '임나일본부설'을 인정하면서 조선상고사를 구성한 것이다.

'임나일본부설'은 일본의 야마토 정권이 4세기 후반 한반도의 남쪽 지역인 가야 지방을 지배했다는 학설이다. 이러한 주장은 중국 한나라에 의한

건축학회, 2013, 158~162쪽.

40 정인성은 1902년 조사 당시 한사군의 영역을 평양을 중심으로 한강 이북에 까지 이른다고 추정했다고 보았다(정인성, 「관야정의 낙랑유적 조사·연구 재검토」, 『호남고고학보』 24, 호남고고학회, 2006, 145쪽).

41 세키노 타다시, 강봉진 譯, 『한국의 건축과 예술』, 산업도서출판공사, 1990, 36쪽.

42 세키노 타다시, 강봉진 譯, 『한국의 건축과 예술』, 산업도서출판공사, 1990, 60쪽.

한사군의 설치 사실과 함께 한국 고대사가 중국과 일본의 지배하에 있었다는 논리로 연결될 수 있다. 따라서 '임나일본부설'은 고대 한국이 일본의 '식민지'였기에 1910년에 일본에 의해 강제 '병합'될 수 있다는 식민사관의 중요한 논리로 작용했다.

일본과 조선과의 관계에 관해서도 세키노는 삼국시대부터 고려 시대까지 출몰한 왜구와 임진왜란의 경험을 강조했다. 특히 임진왜란에 관해 "일본의 기반을 벗어나서부터는 서로 간의 관계가 또 옛날과 같이 친밀하지는 않았지만 중고(中古) 수백 년간 소위 왜구가 한국의 연안을 침범한 때가 있었고, 임진란 때에는 한국의 국토를 석권했던 때도 있었다."[43]라고 보았다.

'왜구'의 존재는 조선의 문화재에도 나쁜 영향을 미쳤다. 한 일본인은 "팔도의 왕릉, 고분이 왜구 때문에 발굴되지 않은 것이 거의 드물다. 김해부의 수로왕릉과 같이 왜구의 해(害)를 입은 것이 한 번이 아니다. 내력을 기록하여 신병(神兵)이 일어나서 이것을 평정했다고 한다. 누가 알겠는가. 팔도의 보물이 모두 왜구에게 약탈당했고, 왕릉 고분도 모두 매미가 허물을 벗은 것처럼 되었다. 조선사에 이르기를 '왜구의 해악은 임진왜란 때 보다 지나쳐 잔혹하다'고 한다."[44]라고 이해했다.

또한 세키노는 예술사의 영역에서 조선 예술 문화 유적은 전반적으로 중국을 '모방'하거나 영향을 받았음을 강조했다. 그는 한국 역사 속의 건축양식을 분류하면 (1) 신라 시대는 한(漢) 이후 당대(唐代)의 영향을 받는 시대 (2) 고려 시대는 송, 원의 영향을 받던 시대 (3) 조선 시대는 "명(明)의 제도

43 세키노 타다시, 강봉진 譯, 『한국의 건축과 예술』, 산업도서출판공사, 1990, 36쪽.
44 本間久介, 1894, 『朝鮮雜記』; 혼마 규스케, 최혜주 역주, 2008, 『조선잡기』, 김영사, 177쪽.

를 모방"했던 시대로 구분했다.

그런데 1902년 당시 이러한 그의 조선 역사와 문화재에 관한 평가가 그 자신의 입장인가 여부는 살펴보아야 한다. 『조선건축조사보고』에서 그는 "한국건축에 관한 전문적 참고서는 하나도 없었다. 뿐만 아니라, 역사 · 지리 등의 서적도 구하기가 매우 어렵고, 따라서 연구가 천박하고, 고증에 소홀함을 면치 못했다. 다음에 이 보고서를 편술하는데 참조한 서명을 게재한다. 다소 후세의 연구자에 도움이 되었으면 다행으로 생각한다."[45]라고 밝히면서 참고한 서적을 다음과 같이 밝혔다.

〈『한국건축조사보고』의 참고 도서 목록〉[46]

동국문헌비고, 대전회통, 고려사, 삼국사기, 여사제강, 연려실기술별집, 대전통편, 조야집요(朝野輯要), 조선팔역지, 고려고도징(高麗古都徵), 선화봉사고려도경, 동국여지승람, 동국역대전서, 동경잡기, 동국통감, 송도지, 교성승람(矯省勝覽), 지수재집(知守齊集), 택리지, 예해주진(藝海珠塵), 범어사적, 범어사창건사적, 해인사적, 해인사실화적, 금릉집, 대동금석서, 대동금석서서, 여재촬요(輿載撮要), 동국역사(학부편집국 신찬), 세계만국년계(학부편집국 신찬), 대한지지(현채 역집), 조선근세사(林泰輔), 조선왕국(菊池謙讓), 조선개화사(恒屋盛服), 한반도(信夫淳平)

여러 참고 문헌 가운데 『조선왕국』(1896)과 『조선개화사』(1901), 『한반도』(1901)가 주목된다. 이 책들은 한국의 지리와 역사를 소개하면서 일본과의 관계를 침략 논리로 체계화했다고 해서 '침략 3서'로 불린[47] 서적들이다.

세키노는 건축 재료로써 중요한 석재 화강암의 중요성을 지적했다. 이러한 건축, 미술 재료의 산출지에 관해서는 『조선개화사』의 내용을 인용한다

45 세키노 타다시, 강봉진 譯, 『한국의 건축과 예술』, 산업도서출판공사, 1990, 37쪽.

46 세키노 타다시, 강봉진 譯, 『한국의 건축과 예술』, 산업도서출판공사, 1990, 37~38쪽.

47 조동걸, 『현대한국사학사』, 나남출판, 1998, 247쪽.

고[48] 밝혔다. 또한 대원군의 경복궁 중건 과정에서 생긴 '폐해'에 관해 『조선왕국』, 『한반도』에 근거한다고[49] 서술했다. 조선 역사에 관한 사전 지식의 편향됨과 함께 1900년대 초반 연구에 관해 그 스스로 다음과 같은 제한점을 피력했다.

> 제1기의 건축에 있어서는 내가 많은 지식을 가지고 있지 못하다. 다만 역사상 당시의 문화가 항상 중국의 영향을 받았던 것은 분명한 사실로써 … 그러나 나는 그밖에 당시 기술의 일단을 추측함에 충분한 자료를 갖고 있지 않음으로써 이들의 연구는 다시 후일에 기대하려 한다.[50]

1904년의 세키노의 보고서는 일제강점기의 조선학 연구자들에게 참고자료로 활용되었다. 고유섭은 개성 남대문의 범종을 보지 못했다. 그러면서 그는 "세키노 타다시 박사가 『한국건축조사보고』에 기록한 것을 보면, 이성기단(二成基壇)인 하단 4면에 불상을 조각하고 네 모퉁이에 수호신이 있고, 기타 여러 경영(經營)이 있으나, 조각 수법이 도저히 처음의 것이 아니고, 고려 숙종(肅宗) 때 개수한 것이라 하였다. 그러나 석종(石鐘) 형식이 일찍부터 있었음은 짐작할 수 있는 것 같다."[51]라고 설명했다.

부분에서 전체를 확장해서 규정하는 것이 오리엔탈리즘의 중요한 서사방식이 된다. 세키노는 개성 남대문의 범종을 답사하며 "아직 한국에 있어서는 그것을 제외하고는 가장 우수한 것일 뿐 아니라 이 종류의 것에 있어

48 세키노 타다시, 강봉진 譯, 『한국의 건축과 예술』, 산업도서출판공사, 1990, 43쪽.
49 세키노 타다시, 강봉진 譯, 『한국의 건축과 예술』, 산업도서출판공사, 1990, 281쪽.
50 세키노 타다시, 강봉진 譯, 『한국의 건축과 예술』, 산업도서출판공사, 1990, 126~127쪽.
51 고유섭, 『우당 고유섭 전집』 9, 열화당, 2013, 160쪽.

서는 당대 유일한 유품이다."[52]라고 하면서 이어 "자신의 조사범위 내에서"라는 서술을 추가했다. 개성의 한 종을 근거로 해서 조선의 종 전체를 평가했으며, 또한 이 종을 '유일하다' 등의 단정적인 표현을 한 점이 주목된다.

따라서 한말부터 일제강점기 동안 이루어진 그의 연구를 살펴보는 것은 제국 일본에 의한 조선의 역사 문화 연구란 '식민학'의 기원이라는 측면에서 의미가 있다. 나아가 1910년 '병합'을 전후한 시점의 연구를 통해 1900년대 그의 입장이 어떻게 변화했는지를 확인할 수 있다.

1909년 한국의 유물 · 유적 조사

세키노는 1909년 9월 중순 탁지부의 위촉을 받아 2개월 동안 경성 부근 및 개성과 평양, 의주 지방을 조사했다. 1909년 8월 23일 그는 통감부 탁지부 건축소 고건축물 조사 촉탁으로 임명되어 고적 조사를 위탁받았다. 1909년 9월 19일부터 12월 21일까지 황해도, 평안남북도, 경기도, 충청남도, 경상남북도 탁지부 건축소 주관으로 고적 조사가 이루어졌다.

탁지부는 당시 국가 재정을 담당하는 국가 기관이었다. 1907년 일본인 '차관 정치'가 실시되어 있어, 일본인 차관은 실제로 장관 역할을 담당했다. 당시 탁지부 차관은 아라이 켄타로(荒井賢太郎)로서 초대 한국 통감인 이토 오 히로부미가 일본 대장성으로부터 직접 발탁한 인물이었다.[53]

---

52 세키노 타다시, 강봉진 譯, 『한국의 건축과 예술』, 산업도서출판공사, 1990, 173쪽.

53 金東園, 『「韓國文化財」 形成過程に關する 史的考察』, 東京外國語大學 博士論文, 2017, 92쪽.

최남선은 1922년의 글에서 1909년의 세키노의 조사 활동에 관해 긍정적으로 소개했다. 특히 "대한 정부에서 고건축물 및 고적 조사를 시작하게 되매, 이전의 인연으로 세키노씨가 그 소임을 맡게 되었다. 그 결과로 『한홍엽(韓紅葉)』, 『조선학술지연구』, 『동 속편』 등이 났다. 그 뒤에 일본 사람에게로 계승되어 규모가 점차로 확대되고 사업도 크게 진척되었다. 이로부터 선사 유적 · 고분 · 사적 등의 탐사, 연구, 발굴, 수보(修補) 등 여러 방면으로 각 방면 전문학자의 손에 상당히 볼 만한 성적이 생겼다."[54]라고 평가했다.

발굴과 보수는 유물의 보존과 보호의 중요한 단계였다. 조선총독부는 이러한 활동에 적극 나섰고, 세키노는 "식민지 행정에서 미술보호정책에 가장 큰 영향을 미친 인물"[55]로 평가된다. 조사는 1910년 8월 조선이 일제의 식민지가 된 이후 이루어졌다. 유물 관련 조사는 조선총독부 내무부 지방국 제1과에 인계되었는데, 이는 한국에서 고고학의 조직적인 조사의 시작이었다.[56] 조선 전체를 대상으로 한 건축물, 옛 무덤, 성터, 절터 등의 조사가 1915년까지 매년 실시되었다.

세키노의 조사 활동에 한 연구자는 "1909년부터는 야츠이 세이이치 · 구라야마 준이치 등과 더불어 전도(全道)에 걸쳐서 건축, 고분, 성적(城跡), 사원적(寺院跡)의 조사를 진행하였다. 그 사이에 눈부신 성과는 낙랑군 치적(治跡), 낙랑의 고분, 고구려의 고분 등을 발견·조사였고, 그때마다 학계에 신지식을 가져다주었다."[57]라고 평가했다.

---

54 최남선, 「조선역사통속강화 (4) 고분=개제 4」, 『동명』 6호, 1922.10.8. 11쪽.

55 金東園, 『「韓國文化財」 形成過程に關する 史的考察』, 東京外國語大學 博士論文, 2017, 147쪽.

56 이순자, 『일제강점기 고적조사사업 연구』, 경인문화사, 2009, 39~40쪽.

57 稲垣榮二, 1983, 「中國 · 朝鮮似おける建築遺跡の硏究:關野貞と建築史學」, 『綜合硏究資料展示解說』,

일제의 이러한 활동에 대한 비판도 존재했다. 시기적으로 약간 뒤이지만, 박종홍은 일제가 주도한 고적 조사회 활동에 관해 "물론 다소간 그 효과가 나타나지 아니함은 아니나, 오직 그 조사라는 명목을 고수하야 조사함에 그칠 뿐이오. 한 걸음도 그 보존법에 유의함에까지는 나가지 못한 듯하도다. 곳곳에 명승구적보존회(名勝舊蹟保存會)라는 몇몇 유명무실한 단체가 있다고 하여 그를 믿을 것인가."라고 해서 부정적으로 이해했다.

그러면서 박종홍은 계속해서 박물관 등을 설치하더라도 "유명하다는 사찰에서 이를 감(感)하며 경향의 이른바 박물관이라고 칭하는 곳에서 이를 한탄하는 바로다. 우리는 그들에 대하야 과연 문외한이라. 그러나 경비의 곤핍함과 개축(改築), 수선 등의 용이하지 못함은 짐작치 못하는 바도 아니거니와 일시적의 도장(塗裝)이 긴 세월의 경제를 위하는 대책이 아니며 고려함이 없는 보존과 진열의 법(法)이 그 본의를 전하지 못할 것임도 추측하지 못하는 바가 아니로다."[58]라고 해서 유물의 보존과 관리에 대한 중장기적 대책이 필요하다고 보았다.

1909년에 세키노 일행은 9월 20일부터 12월 17일까지 약 3개월간 조선 전 지역을 조사하였다. 세키노는 "작년(1909) 8월 23일 고건축 조사에 관한 사무를 촉탁 받아 건축소 촉탁 문학사 야츠이(谷井濟一), 공학사 쿠리야마(栗山俊一) 두 사람과 함께 9월 19일 경성에 도착, 부근 및 개성, 황주, 평양, 의주, 안주, 영변, 광주, 양주, 강화, 수원, 공주, 은진, 부여, 대구, 영천, 경주, 울산, 부산 등의 각지 고건축물 조사를 추진하고 12월 21일 부산을 출발하

東京大學綜合研究資料館, 47쪽; 우동선, 219쪽 재인용.

58 박종홍, 「조선미술의 사적 고찰」(8), 『개벽』 29, 1922.6, 5쪽.

여 일본에 돌아갔다"[59]라고 언급했다. 1909년 세키노가 황남리 고분을, 야츠이가 서악리 고분을 발굴하였다.[60]

1909년 11월 30일에 부여 · 공주 지역 답사를 시작으로 광주와 익산 지역에 대한 조사를 실시했다. 세키노는 익산 지역의 경우 왕궁리유적, 미륵산성, 쌍릉을 마한의 유적으로, 미륵사지 석탑과 왕궁리 5층 석탑을 모두 통일신라 시대의 것으로 파악했다.[61] 1909년 11월 30일 '대당평백제탑(大唐平百濟國塔)' 등을, 같은 해 12월 4일 공산성을 답사했다. '대당평백제탑'은 부여 정림사지에 있는 백제의 5층 석탑을 말한다. 백제를 멸망시킨 당나라의 장수 소정방이 1층 탑신에 '대당평백제비명(碑銘)'이라고 새겨놓아 당시의 수난을 엿볼 수 있다.

당대 한국 언론에서는 옛 물건을 의미하는 '고물(古物)'로 표현된 문화유산에 주목하기 시작했다. 1909년 10월 19일 자 『황성신문』에서는 "우리나라의 고물조사위원(古物調査委員) 공학박사 세키노씨는 평양에서 고물조사를 종료하고 지난 15일에 안주방면으로 간다고 했다더라"라고, 같은 날 발행된 『대한매일신보』에서는 "일본인 세키노 타다시가 한국의 고물(古物)을 조사차로 평양에 머물다가 일전에 안주 등지로 갔다더라"라고 소개되었다.

문화재에 대한 조사·연구는 문명화 과정과 연동되었다. 『황성신문』 1909년 9월 23일 자에 다음과 같은 기사가 실렸다.

---

59 관야정, 『조선예술지연구』, 탁지부건축소, 1910, 1쪽. 이순자 책, 41쪽.

60 이순자, 『일제강점기 고적조사사업 연구』, 경인문화사, 2009, 43쪽.

61 이병호, 2011, 「日帝强占期 百濟 故地에 대한 古蹟調査事業」, 『한국고대사연구』 61, 한국고대사학회, 117쪽.

> 구탁지부(지금 건축소) 내에 있는 비밀 창고는 옛날부터 이를 열면 국가에 흉변이 생긴다고 손을 댄 사람이 없더니 금번에 일본인 세키노 박사가 이를 피개(披開)한 바 그 안에 저장한 것은 일본 전관백 도요토미 히데요시가 소지하던 원형 황금 군선(軍扇) □개와 기타 수백 개의 진귀한 보물 등인데 위의 황금 군선 중 1개는 일본 황실로 가지고 갔다더라.

세키노의 연구는 1909년 일제의 식민지가 되기 직전에 진행되었다. 『황성신문』에서는 왕실 창고의 유물에 관한 조사가 그에 의해 이루어졌음을 언급했다. 위의 자료에서 잘 나타나듯이, 군대를 부리기 위해 사용한 부채가 보관된 창고를 "열면 국가에 흉변이 생긴다고 손을 댄 사람이 없더니"라고 해서 그의 행동은 금기를 깬 사례로 언급되었다. 유물과 유적의 조사 활동에서 '미신'을 극복한 사례로 소개된 것이다.

1909년 11월에 세키노 일행은 자신들의 연구 성과를 발표하는 강연회를 열었다. 이 강연회에 대해 『대한매일신보』는 1909년 11월 23일 자 2면과 3면에 걸쳐 세키노 등 3인이 "국내 고대 건축예술 및 사학의 조사를 종료(結了)하였는데, 해당 부의 차관 아라이(荒井賢太郎)가 본일 하오 1시에 광통관에서 강화회를 설(設)하고 각부 부주임관을 초청한다더라."라고 소개했다.

또한 같은 날 『대한매일신보』의 3면에서는 "촉탁 세키노, 야츠이(谷井) 문학사, 구라야마(栗山) 공학사 세 사람이 한국 안에 옛적 건축물과 기예와 여러 가지를 조사하였는데 탁지부 차관 아라이(荒井)가 본일 하오 1시 광통관에서 담화회를 설하고 각부 주임관을 청한다더라."라고 전했다.

강연회에서 세키노는 「한국 예술의 변천에 대하여」를, 야스이 문학사는 「상세(上世)의 일한관계」를, 구리야마 공학사는 「평양과 개성의 고분」을 발표했다. 그리고 강연 내용은 『한홍엽』이란 책으로 출판되었다.[62] 세키노는 "한국 예술에 대해서는 지식이 매우 얕아 큰 문제"라고 거듭 밝히면서 한국 예술의 변천을 5기로 나누었다. 제1기인 삼한 시대는 "지금까지의 연구로는 유물이 없기 때문에" 생략한다면서 한국 예술에 관해 전체적인 조망을 시도했다.

> 제2기인 삼국시대는 중국 한위육조(漢魏六朝) 문화의 영향을 받고, 제3기 신라통일 시대는 오직 당(唐)의 감화를 받고, 제4기 고려 시대는 주로 송원(宋元)의 영향을, 제5기 조선 시대는 명청(明淸)의 감화를 받아서 모두가 그 예술의 발전을 보게 되었지만 각 시대에는 다소의 국민적 취미를 나타내고 고유의 발달을 이루었다는 것을 의심할 바가 없다.[63]

조선 예술의 변화와 발전이 외국의 '영향' 아래 놓여있다는 이러한 평가는 1904의 『한국건축조사보고』의 입장과 큰 차이를 보이지 않는다. 『한홍엽』에서 세키노는 "경주지역의 고분(능묘)은 일본의 고분과 매우 닮았으며 내부에서 출토된 부장품 역시 일본의 것과 비슷한 점을 들면서, 중국보다 일본과 가까우므로 당시 종족의 이동 교섭을 말하는 유력한 증거"[64]라고 보았다.

하지만 삼국시대 안에서도 중국 한, 위, 진(漢魏晉) 나라의 영향을 받은

62 『한홍엽』의 제작 경위와 내용에 관해서는 차순철, 「『韓紅葉』과 조선인의 한국문화 인식과정 검토」, 『한국고대사탐구』 11, 한국고대사탐구학회, 2012 참조.

63 탁지부 건축소, 『韓紅葉』, 1909, 24~25쪽.

64 차순철, 2012, 「『韓紅葉』과 일본인의 한국문화 인식과정 검토」, 『한국고대사탐구』 11, 한국고대사탐구학회, 55쪽.

전기와 남북조(南北朝)의 영향을 받은 후기를 구분하는 등의 분석 단위의 세분화가 이루어진다. 아울러 평양을 갔다 온 것을 바탕으로 간략하게 고구려 고분에 관한 언급이 추가되었다. 고구려와 신라의 예술과 문화에 관해 "고구려는 곧바로 북조의 문화를 수입하였고 신라와 백제는 고구려로부터 그것을 얻는 것 외에 직접적으로 남북조와 교통하여 그 예술을 수입했다."[65] 라고 평가했다.

세키노는 삼국시대에 이어 제3기 '신라통일 시대'를 설정했는데, 이 시기를 "예술상의 황금시대"로 규정하고 "당의 문화를 수입하여 대발전을 이루고 반도에서 전무후무한 융성을 보았다."라고 평가했다. 융성의 근거로 제시된 유물의 사례도 경주 분황사 9층탑, 불국사 다보탑과 석가탑, 양산의 통도사 5층탑, 합천 가야산의 해인사 5층탑 등의 유물 예시로 확장되었다.

특히 신라통일시대의 태종무열왕릉 비석에 대한 높은 가치를 부여했다. 태종무열왕릉비는 국보 제25호로, 지금은 돌거북 받침돌과 머릿돌이 남아 있다. 무열왕의 둘째 아들인 김인문(金仁問)이 쓴 '태종무열대왕지비(太宗武烈大王之碑)' 는 글씨가 돋음 새김으로 되어 있다.

세키노는 『한홍엽』에서 태종무열왕비를 한국의 비석 가운데 "가장 우수한 것"으로 소개했다. 구체적으로 "이수(螭首)의 웅장하고, 화려하고, 중후하고 소박한 점이 당나라 초기의 것에 비교하여 조금도 손색이 없을 뿐만 아니라 그 귀부의 사실감도 힘찬 기상을 나타낸다."라고 작품에 관한 자신의 감상을 피력했다. 그러면서 "중국에서 수백의 귀부를 보았지만 고금 하나도 이와 비교할 만한 것을 보지 못했다."라고[66] 평가했다.

65 탁지부 건축소, 『韓紅葉』, 1909, 29쪽.

식민지 조선 예술품에 대한 제국의 시선을 확인할 수 있다. 제국의 시선은 우선 "내가 관찰한 바에 따르면 가장 우수한 것은 앞서 기술한 신라 태종무열왕릉 앞의 비석"이라고 해서 유물의 서열화, 등급화를 제시하고 있다는 것이다. 나아가 유적 보호의 미비점에 대한 '안타까움'이란 감성을 피력했다.

유물의 서열화는 "불국사 대웅전의 석등이 가장 아름답다", 봉덕사종에 대해 "오늘날 일본, 청나라, 한국을 통해서 가장 걸출하다" 등의 서술에서 보이듯이, 그의 평가 대상이 석등, 종, 불상 등의 예술품으로 확장되었다.

'신라 통일 시대'를 황금시대로 규정하면서 다음 시기인 고려와 조선 시대는 모방과 쇠퇴함이 강조될 수밖에 없었다. 고려 시대 예술에 대해서는 "당나라의 여류(餘流)를 흡수하고 송원(宋元)의 감화를 받아 다소 고유의 특질을 발휘한 것과 같다. 그렇지만 도기(陶器)이외에는 전시대의 것과 비교하면 의장(意匠)과 기교가 모두 크게 쇠퇴"[67]했다고 보았다. 도자기만을 주목했다는 것은 다른 유물을 평가 절하했다는 것을 의미한다.

조선의 예술에 대해서도 "전기에는 볼만한 예술이 존재하지만, 후기에는 모든 공예를 통해서 현저하게 쇠퇴하고 타락한 징후를 나타낸다. 시대가 흐르면서 기교는 더욱 쇠퇴하고 기묘한 상황을 나타내는 것은 결국 국세(國勢)의 성쇠에 따른 시대정신의 추이의 결과 당연히 불가피한 것"이라고[68] 평가했다. 거듭 '쇠퇴'함이 강조되었고 이것을 조선의 '국망(國亡)'과 연결시키고

---

66 탁지부 건축소, 『韓紅葉』, 1909, 40쪽.
67 탁지부 건축소, 『韓紅葉』, 1909, 50쪽.
68 탁지부 건축소, 『韓紅葉』, 1909, 71~72쪽.

자 했다.

결론적으로 세키노의 한국 역사에 관한 이해는 당대 식민사관의 논리와 일치한다고 볼 수 있다. 차순철은[69] 세키노가 "한국의 선사-조선 시대까지의 문화와 유물에 대해서 서술하면서 시기가 내려오면서 점차 쇠락하는 모습을 보여준다고 보았다. 그리고 이러한 모습은 국세가 약해짐에 따라서 나타난 것으로 보았다."라고 해서 한국사를 전체적으로 '쇠락', '쇠약'의 관점에서 이해했다라고 파악했다. 그리고 문화적 측면에서도 "문화의 기원은 중국에서 기원하지만 당, 송, 원 문화에 명의 양식이 도입되었으나 결국은 청과의 관계가 점점 소원지면서 점점 한국 문화의 특징이 나타나게 된 모습으로 보았다. 결국 이러한 시각은 중국(청)과의 관계를 멀리하게 하면서, 일본과의 연결성을 의도적으로 강조한 것으로 볼 수 있다"라고 설명했는데, 설득력이 있다고 판단된다.

한편 세키노는 강연회의 결과물인 『한홍엽』을 출판한 이후 1909년 12월 18일 자 『대한매일신보』에 따르면 그는 같은 달 20일 부산으로 향한다면서 이와 함께 "내년 4월경에는 한국 고대 건물 기타 보물을 조사하고 역사상에 관한 서적을 발간하기로 예정"이라고 보도되었다. 조선의 언론에서도 세키노가 집필한 조선 문화와 예술 관련 서적의 발간을 기대한 것이다.

이러한 학문적 활동에 대한 긍정적 이해는 해방 후에도 이어졌다. 최남선은 1947년 역사적 사건을 연대기적으로 정리한 『역사일감(歷史日監)』을 출판했는데, 이 책의 1909년 11월 23일 자 내용에서 "탁지부에서 강연회를

69 차순철, 2012, 「『韓紅葉』과 일본인의 한국문화 인식과정 검토」, 『한국고대사탐구』 11, 한구고대사탐구학회, 55쪽.

광통관에서 열고 고적조사 촉탁 세키노 타다시 등의 성적을 일반에게 소개하다."[70]라고 서술했다. 일제로부터 해방이 된 이후 한국학을 한국인의 손에 의해 본격적으로 만들어가자는 분위기 속에서도 세키노의 학술적 활동이 높게 평가된 것이다. 다음 장에서는 강제 '병합' 이후 그의 학문적 활동을 조선어 매체인 『매일신보』와 조선학 연구자의 언급 등을 통해 확인하고자 한다.

70 최남선, 『역사일감』, 1947, 4; 육당전집편찬위원회, 『육당최남선전집』 11, 현암사, 1974, 655쪽.

2장
1910~20년대 조선의 예술과 만나다

1910년대 전반기 조선 유적과 유물 조사

일본에 의해 '병합'이 된 이후 세키노는 1910년 9월 22일~12월 7일 평안남도, 충청북도, 경상남북도, 전라남북도를 조사했다. 그리고 같은 해 10월 조선총독부가 개설되자 그의 조사는 총독부 내무부 지방국 지방과에서 담당하는 것으로 옮겨져 건축물, 고분 조사를 수행했다.

세키노의 학술적 조사 작업은 구체적인 동선(動線)과 일정이 지속적으로 조선총독부 기관지 역할을 했던 『매일신보』에 소개되었다. 『매일신보』 1910년 10월 13일 자에 따르면 "조선 내지의 명승고적을 시찰하기 위하여 일본에서 온 세키노 공학박사는 경기, 충남북, 경남북, 전남북 각도를 시찰하기 위해 어제에 출발하였는데, 내무부에서 가는 곳 연로(沿路) 지방관에게 훈령을 내려 극력 보호하라 했다더라."라고 소개되었다. 그리고 『매일신보』 1910년 11월 27일 자에서는 조선총독부가 "공학박사 세키노 타다시, 구라야마 준이치, 야츠이 세이이치에게 사사고적(社寺古跡) 등 예술에 관한 조사를 촉탁"했다는 기사가 실렸다.

조사사업은 1910년 9월부터 12월까지 조선 전체를 대상으로 진행되었다.[71] 세키노 팀은 9월 22일에 경성에 도착하여 개성의 고려고분과 평양의 대동강면의 고분군을 조사하였고, 10월 12일부터 한반도의 남쪽 지역으로 향하였다. 이에 옥천, 보은, 속리산, 성주, 합천(해인사)을 거쳐 고려의 가야 고분을 조사하고 가야왕궁지라고 전해지는 곳이 있어 거기서 연화문 와당을 채집하였다.

그 후 창녕에서 가야 고분을 발견하고, 함안에서는 성산산성, 가야 고분, 가야 왕궁지를 답사였지만 발굴조사를 할 여유가 없었다. 그리고 진주에서는 장방형 횡혈식 석실을 지닌 수정봉 제2호분, 옥봉 제7호분의 2기를 발굴조사했고 출토된 유물은 도쿄제국대학 공과대학에 보내졌다.

다음으로 하동, 구례, 남원, 곡성, 옥과, 창평, 광주, 능주, 나주, 목포, 영암, 해남, 군사, 전주, 익산, 인천을 돌아 12월 7일에 경성으로 돌아왔다. 경성에 머무르면서 조사보고서 『조선유적조사약보고』를 작성하여 13일에 제출한 뒤 귀국하였다.

세키노는 경상도 서부 낙동강 연안의 삼국시대 가야유적 조사를 한 것에 관해 스스로 "당시에 이 지방은 고고학, 건축학, 인류학과 같은 종류의 학술적 조사 목적으로 여행한 사람이 없었다."[72]라고 서술했다. 즉 자신의 학술활동에 관해 스스로 조선 문화 연구의 '개척자' 역할을 했음을 부각한 것이다.

이러한 활동 가운데 고구려의 수도인 평양 지역에서의 조사가 주목된

71 이순자, 『일제강점기 고적조사사업 연구』, 경인문화사, 2009, 43~44쪽.

72 관야정, 「伽倻時代の遺蹟」, 『고고학잡지』 1-7, 고고학회, 1911.3, 12쪽.

다.[73] 우선 안학궁의 위치에 관해 "평양에는 대동강의 상류 3리쯤의 지점에 안학동이라고 불리는 곳이 있고(안학궁으로도 불린다), 안학궁 터라고 전한다. 이 땅을 『여지승람』, 『읍지』에서는 장안성 터라고 하지만, 그것은 의문이다. 그 지점 동서 5~6정, 남북 6~7정 주위에는 토벽이 둘러져 있다. 이 토벽은 돌을 쌓고 그 위에 흙을 입힌 것으로 그 높이 약 2~3간이다. 이 안학궁 터라고 전하는 곳에서 다수의 옛 기와를 수집했는데, 이들 기와는 불교예술 이전의 것인 것 같다."라고 해서 이전의 설을 비판했다.

아울러 그는 같은 글에서 안학동과 대성산에 위치한 성의 관계를 새롭게 해석했다. 그는 "안학동의 후방(북방)에 높은 산이 있는데 대성산이라고 부르고, 그 위에 성벽이 있는데 이 성벽은 곡을 중심으로 주위를 둘러 돌아 나온다. 이 산성에 관해서는 『읍지』 및 기타의 기록에는 기재가 없으나 안학동과는 반드시 관계가 있을 것이다. 즉 밑은 왕궁으로 하고 위는 농성의 용도로 쓰이는 산성이었을 것이다."라고 해서, 고구려의 수도는 궁성과 산성으로 함께 구성되며, 안학동은 궁성이며, 대성산은 산성이라고 보았다.

이상의 내용에서 볼 수 있듯이, 세키노는 1910년 10월의 평양 조사를 통해 고구려 '도성제'라는 구조적 특징을 포착할 수 있었고, 1913년 말의 집안 조사에서 평양의 고구려 도성과 구조적으로 일치하는 유적을 찾아냈던 것이다. 그래서 평양과 마찬가지로 집안의 국내성을 구성하는 평지성과 산성이란 두 성으로 이루어졌다는 그의 논지가 곧 고구려 '도성제'론의 출발이었던 셈이다.

73 관야정, 1911, 「伽倻時代の遺蹟」, 『고고학잡지』 1-7, 4쪽.

이러한 그의 도성 구조에 대한 해석에 일본의 동양사학자인 시라토리도 '통구성 및 산성자를 국내성으로 본 세키노 박사의 고찰은 정곡을 찔렀다고 생각'한다며 동의하였고 이후에도 '용이하게 수긍할 수 있'다거나 '진실로 철안(鐵案)이자 탁설(卓說)'로 평가되면서,[74] 고구려 도성 연구에 적극 활용되었다.

『매일신보』 1911년 9월 24일 자 기사에 따르면 세키노 일행이 서울을 출발해서 개성에 갔다는 기사가 실렸으며, 같은 신문 10월 25일 자에서는 경주에 간다고 소개되었다. 1911년 9월 18일에 송파, 석촌고분을 답사했다. 『매일신보』 1912월 10월 4일 자에 그는 9월 22일~28일 석촌 부근 광주 고분을 발굴했으며 1912년 10월 2일 오후 1시 경의선 열차로 도착하여 개성군의 각 명승지를 관람했다고 보도되었다.

같은 달 서울에 머물던 세키노 박사 일행은 5일 아침 9시 남대문 역에서 출발하는 열차로 일본으로 돌아갔다. 『매일신보』 1912년 10월 6일 자에서는 정거장에 여러 장관, 국과장 등 출장을 환영한 사람이 다수였다고 보도했다. 그의 동정(動靜)은 조선총독부의 장관과 과장이 참가할 정도로 중요 사안이었다.

1912년 세키노 팀은 9월 16일 동경을 출발하여 9월 18일에 경성에 도착하여 2개 조로 나뉘어 9월 21일부터 12월 12일까지 강서 · 사리원과 평양 · 송파 주위를 살폈다. 그리고 9월 21일 평양으로 들어가 이미 벽화고분으로 알려진 강서 3기 고분을 조사했다. 이어서 강원도, 충북, 경북 등 한반도의

74 권순홍, 2016, 「고구려 '도성제'론의 궤적과 함의」, 『역사와 현실』 102, 한국역사연구회, 199쪽.

동부 지역을 집중적으로 답사했는데, 그 가운데 경북 태백산 부석사에서 조선에서 가장 오래된 고려 시대 목조건축을 시찰했다. 발굴은 광주군 석촌고분, 강서군 우현리 삼묘, 봉산군 도총을 대상으로 삼았다.

특히 석촌고분은 백제 초기의 수도와 관련해서 중요했다. 이 지역에 관한 세키노 팀의 조사 활동은 "백제 고지에 대한 발굴 · 조사는 1912년 9월 구라야마 준이치에 의한 석촌리 고분군 조사에서 시작한다. 『조선고적도보』3에는 석촌 부근 백제고분분포도가 남아 있는데 갑총 23기, 을총 67기가 표시되어 있다."라고 소개되었다.

이후 1917년에 이루어진 야츠이 세이이치의 조사에 관해서는 "갑총을 토분으로 을총을 석총으로 표현하는 것이 보이기 때문에, 갑총은 (봉토)석실분, 을총은 적석총을 지칭하는 것으로 생각됩니다. 세키노는 이 고분의 조사 결과를 매우 간략하게 보고하였을 뿐 조사 경과나 상세한 내용은 알려져 있지 않다."라고 평가된다. 그럼에도 불구하고 당시 제작된 석촌동고분군 분포도는 일제강점기에 간행된 유일한 분포도였기에, 이후 이 지역에 대한 분포 연구에서 1차 자료로 활용되고 있다.[75]

일제강점기 유적과 유물을 조사한 자료가 현재까지 활용되고 있다. 그는 강원도 강릉군에 있는 하시동리 고분을 조사했고 강서군 간성리 연화총, 의성군 소문면 고분, 상주군 사벌국왕릉 부근의 고분 등을 답사했다.[76] 1912년에는 평양 지역과 황해도 봉산군 부근의 답사가 중요한 의미를 지녔다.

---

75 이병호, 2011, 「日帝强占期 百濟 故地에 대한 古蹟調査事業」, 『한국고대사연구』 61, 한국고대사학회, 117~118쪽.

76 이순자, 『일제강점기 고적조사사업 연구』, 경인문화사, 2009, 62~63쪽.

또한 1912년 평양지역 강서군 우현리의 대묘와 중묘, 강서군 간성리 고분을 발굴했고, 1912년 9월 18일~12월 12일 평안남도, 황해도, 경기도, 충청남도, 경상북도를 다녀왔다. 이러한 활동에 관해 『매일신보』 1912년 9월 29일 자에는 아래와 같이 보도했다.

> 조선총독부 촉탁 공학박사 세키노 타다시씨는 9월 2일에 평양에서 출발하여 강서군 과현리(過賢里)에 있는 3대 고분을 발굴 조사에 착수하였는데 이는 고고학상에 특저(特箸)한 표본물이 될 터이요 다시 야츠이(谷井) 문학사 일행의 조사지는 봉산군(鳳山郡) □산면(□山面) 오동(烏洞)에 있는 도총(都塚) 이는 백제 전성시대 건안(建安) 연간에 조성된 고분이라고 추측한다더라.

1913년 실질적인 기초 조사가 완료될 때까지 고분에 등급을 매기고 사료의 기초 자료가 되는 것들을 찾기 위해 조사가 계속 진행되었다. 1913년에는 5월에 야츠이 세이이치는 경주 명활산성지와 남산성지를 답사하여 통일신라 시대의 토기를 발견했고, 세키노 팀은 9월부터 이마니시(今西龍)과 함께 조사를 시작했다. 용강지방의 매산리 수총, 화상리 감신총, 화상리 성총, 안성리 대총, 진지동 쌍영총, 간성리 연화총 등의 고구려 시대 벽화고분을 조사하였고, 안주, 희천, 강계 등을 거쳐 압록강을 건너 통구에 이르러 11일간 머물면서 광개토왕비와 태왕릉, 장군총 등의 유적을 살펴보았다.

1913년 9월 23일 세키노 조사단의 일원이었던 야츠이 세이이치에 의해 대동강 남안 고분군에서 흙으로 쌓은 토성을 발견했다. 세키노는 9월 30일 현장을 방문했고, 이를 통해 이 지역의 유적이 낙랑 시대의 것이라는 인식을 공고히 가지게 되었다.

당시 『매일신보』는 "세키노는 고분과의 상관관계, 주변 지리 관계와 출토 유물 등을 근거로 이 토성을 낙랑군치지로 판단하였지만, 대부분의 문헌 사학자들은 낙랑군이 다스리는 지역이 대동강 북안에 위치한다고 고집하였다. 이후 낙랑군치 이동설 등 절충안이 나오기도 하였다."[77]라고 전했다.

그리고 같은 해 10월 대동강면에서 2기의 낙랑 고분 조사를 통해 낙랑 토기를 발굴했고, 이어 고구려 고분에 대한 발굴과 고구려 도성 유적지에 대한 조사가 이루어졌다.[78] 당시 『매일신보』는 세키노 일행의 조사 활동을 고고학이란 새로운 학문적 방법론을 적용해서 조선 예술과 문화 유적에 대한 표본, 다시 말해 기준을 삼는 작업으로 이해했다. 평양 지역의 낙랑과 고구려 유적과 유물이 재조명된 것이다.

낙랑군은 기원전 108년 중국 한나라 무제가 위만조선을 물리치고 난 후 해당 지역에 세운 4개의 군 가운데 하나였다. 그리고 오랜 기간 존속했기에 그 위치와 역사적 역할에 관해 많은 논의가 존재했다. 낙랑군 관련 초기 연구에서 세키노의 역할이 컸다.

1913년 10월 대동강면 오야리에서 고분 1기 발견되었다. 같은 해 12월 이루어진 세키노의 조사에 관해, 장인성은 이를 "낙랑고분에 전실묘와 목곽묘가 있다는 사실을 최초로 인식하고 주장한 연구자는 세키노였다. 1916년도의 대규모 발굴이 이루어지기 전에 이미 목곽묘를 낙랑 묘제의 하나로 인식했다는 사실은 낙랑 묘제 연구사 차원에서 특기할 만하다."[79]라고 해서

77 장인성, 2006, 「관야정의 낙랑유적조사 · 연구 재검토」, 『호남고고학보』 21, 호남고고학회, 148쪽.
78 권순홍, 2016, 「고구려 '도성제'론의 궤적과 함의」, 『역사와 현실』 102, 한국역사연구회, 198쪽.
79 장인성, 2006, 「관야정의 낙랑유적조사 · 연구 재검토」, 『호남고고학보』 21, 호남고고학회, 148~149쪽.

세키노는 이를 낙랑 묘제로 판단했다고 한다.

『조선 미술사』를 서술했던 안드레 에카르트는 낙랑문화와 관련해서 "낙랑시대의 작은 수정 원반은 천국을 상징하는데, 특히 주의를 기울일 만한 가치가 있다. 이것은 1916년에 세키노 타다시 교수에 의해 대동강 부근의 석암리 9호에서 발견되었다. 이 장식은 낙랑시대의 전(塼)을 연상시킨다"[80] 라고 해서 그의 낙랑문화 관련 업적을 소개했다.

1913년 12월에 중국 동북지역인 집안을 답사해서 "9기 벽화고분을 조사하였다. 평양 지역에서는 매산리 사신총, 화상리 함신총, 성총, 안성동 대총, 쌍용총 등 모두 5기의 벽화고분을 발굴하였다. 집안에서 조사한 벽화고분은 모두 4기로 삼실총, 산연화총, 상성자 귀갑총, 미인총" 등을 조사했다.[81]

세키노 일행이 경성으로 돌아오는 길에 묵었던 함남 안변 삼방 객사에 불이 나서 통구에서 했던 많은 조사 자료를 잃어버렸다. 다행히 사진과 동행한 구라야마(栗山), 야츠이(谷井), 이마니시(今西)의 자료는 남아 이후 세키노의 집안 관련된 조사를 언급할 때 도면은 구라야마와 야츠이의 것을 이용한다고 했다.[82]

한국 고대 왕국의 수도 위치와 방어 시설에 관해 세키노는 선구적인 학설을 제시했다. 1913년에 세키노는 산성과 왕궁의 관계에 관한 글에서 "고구려, 임나, 신라는 모두 왕궁을 평지 혹은 낮은 구릉 위에 짓고, 그 후방의 험준한 산 위에 산성을 쌓아 평일은 병량(兵糧)이나 무기를 저장하다가 적이

80 안드레 에카르트, 권영필 옮김, 『에카르트의 조선미술사』, 2003, 열화당, 334쪽.
81 이종수, 2006, 「일제강점기 關野貞의 고구려 고분벽화 조사에 대한 고찰」, 명지대학교 석사논문, 17쪽.
82 이순자, 『일제강점기 고적조사사업 연구』, 경인문화사, 2009, 63~64쪽.

오면 그 안으로 들어가 농성하게 되어 있다. 고구려의 안학궁과 대성산성, 대가야의 고령왕궁과 주산산성, 신라의 금성, 월성과 남산성, 명활산성의 관계가 가장 명백한 실례이다."[83]라고 평지성과 산성을 함께 쌓은 것이 일반적인 경향이 있음을 지적했다.

아울러 이들의 활동은 조사 활동에 그친 것이 아니라 다양한 강연 활동으로 연결되었다. 이 가운데 1913년 9월 30일 저녁 7시부터 2시간 동안 원기양(元箕陽) 구락부에서 고분조사에 관한 중요한 강연회가 있었는데, 송영(松永)장관, 본전(本田)부윤 및 내무부장을 비롯한 일본인과 조선인을 포함하여 수백 명이 참석했다. 주제는 평양 지역의 고대사 단군(조선), 기자(조선), 위만(조선), 한사군 등에 내용이었다.

이 강연회에서 세키노는 자신이 조선총독부의 위촉을 받아 "조선 역사적 증거를 조사하기 위해 전도(全道)를 통행함이 지금까지 다섯 번째"라면서 삼국시대 이전 평양 지역 유적에 관해 소개했다. 평양과 관련된 고조선의 역사에 관해 "지금부터 4천여 년 전 단군이 평양에 도읍했다는 전설이 있으며 기록도 있으나 그 실제 자취를 고찰함에 황폐무계(荒廢無稽)하여 믿을만한 증거가 없고 그 후 기자(箕子)가 또한 이 지역에 정도(定都)했다고 하나 정확한 증거가 없으며 한, 두 개의 전설이 있다고 하나 이는 뒷사람이 사모하고 생각해서 미루어 만든 것으로 생각할 수 있겠고 다른 한편으로 연구하건대 기자의 옛 수도라고 말할 자료도 있으나 그러나 정령 이곳이라고는 지칭하기 불가능"하다고 밝혔다. 단군(조선)은 부정하고 기자(조선)에 대해서는 논

83 권순홍, 2016, 「고구려 '도성제'론의 궤적과 함의」, 『역사와 현실』 102, 한국역사연구회, 201쪽.

의의 여지를 남겼다.

반면 위만(조선)과 한사군에 대해서 세키노는 아주 선명하게 자신의 입장을 밝혔다. 『매일신보』 1913월 10월 4일 자에 소개된 내용을 보면, 그는 대동강면에 있는 토성(土城)과 고분, 기와 파편을 조사한 결과에 대해 "모두 중국 고대식(古代式)을 모방하였고, 일설(一說)에 평양을 낙랑이라 칭하니"라고 하면서 자신의 생각으로 "이 토성은 지난날 낙랑의 한 중요 지점이요 그 고분은 지난 관권(官權)의 자의 유분(遺墳)이라 하노니 과연 그러하다면 이는 낙랑이요, 낙랑 이전은 즉 위만조선이라 하노라."라고 강조했다.

『매일신보』 1913년 12월 2일 자 기사에서는 '세키노박사의 동성'이란 제목으로 그가 1910년대 조선의 고분과 유물을 파악하면서 그의 연구가 조선 유물과 유적의 "역사상 계통을 명료히" 하는 데 목적이 있었다고 알렸다. 이후 세키노는 평양지역에서 한국 고대사에 관한 유물을 조사했으며, 이와 함께 1913년에는 6월 말부터 한반도의 북부 지역을 조사했고, 『매일신보』 1914년 1월 11일 자에 따르면 그는 함경남도를 처음 방문해서, "함흥은 고(古)옥저의 중심지점"이라고 주장했다고 한다.

1914년 세키노는 일본 문부성으로부터 유럽 지역 유학을 명령받았으나 이해 3월 부친상을 당하고 모친마저 병중이어서 출발을 연기했다. 실제로는 1918년 2월에 이르러서야 출발할 수 있었다.

1914년에 『소신고적조사약보고』가 조선총독부에서 발행되었다. 이 책은 "1911년과 1912년의 고석조사보고를 합쳐서 간략한 보고로써 인쇄된 것이다. 이 책은 1909년도 조사 『조선예술의 연구(朝鮮藝術の研究)』, 1910년도 조사 『조선예술지연구 속편』에 이어서 보고된 것으로, 조사 지역 조사원도 동일하여, 『조선예술의 연구(朝鮮藝術の研究)』의 속편이라고도 불릴 만하다."[84]라고 평가되었다.

1915년 조선총독부 고적주임 세키노 외에 야츠이 세이이치, 코토 게이지(後藤慶二) 등이 경주고분을 집중적으로 발굴·조사하는 한편 개성과 부여 지역 고분에 관한 발굴이 이루어졌다. 세키노는 6월 말 경주에 가서 황남리에 있는 검총(100호)을, 경주 부문리에서는 부부총, 금환총을 발굴했다. 동천리에서는 횡혈실 석실의 와총(瓦塚)을, 사악리에서는 현실이 가로로 긴 횡혈식 석실의 석침총(石枕塚)을 조사했다.[85]

같은 해 7월 세키노는 부여 능산리에 백제 왕릉이 있다는 사실을 듣고 6기 고분이 모여 있는 것을 확인하고 당국에 보고하면서 본격적인 발굴·조사가 이루어졌다.[86] 1915년 7월 중순에는 능산리에 소재한 백제왕릉군으로 전해지는 중하총, 서하총, 중상총, 전상총(塼牀塚), 할석총, 횡혈총을 발굴하고 부소산성과 성홍산성을 방문했다.

1915년에는 부여 지역의 고분을 조사해서 일본 나라(奈良)의 법륭사 건축물이 대부분은 백제의 영향을 받았으며,[87] 아스카(飛鳥) 시대의 문화와 백제의 문화가 밀접한 관계에 있었음을[88] 확인하고자 했다.

1930년대 출판된 『조선 미술사』에서 1910년대에 이루어졌던 유적 조사

84 우동선, 2003, 「세끼노 타다시(關野貞)의 한국 고건축 조사와 보존에 대한 연구」, 『한국근현대미술사학』 11, 한국근현대미술사학회, 225쪽.

85 이순자, 『일제강점기 고적조사사업 연구』, 경인문화사, 2009, 64~65쪽.

86 이순자, 『일제강점기 고적조사사업 연구』, 경인문화사, 2009, 67쪽.

87 「백제의 古蹟(1), 공학박사 세키노 타다시氏 강연」, 『每日申報』, 1915.8.20, 1면.

88 「백제의 古蹟(3), 공학박사 關野貞氏 강연」, 『每日申報』, 1915.8.24, 1면.

에 관한 언급을 보면 다음과 같다. 세키노는 "1915년 7월 나는 조선총독부의 의뢰로 야츠이(谷井) 문학사와 함께 경주 남문 밖 황남리의 한 고분(검총이라 부른다)을 발굴하였다. 이것은 이런 종류의 고분에 있어서 최초의 학술적 조사였다. 그때 철검·철모(鐵矛)와 다소의 도기가 발견되었다(『조선고적도보』 3)."[89]라고 밝혔다.

그리고 경주 지역에서 표주박 모양으로 생긴 무덤을 의미하는 표형분과 일본 고대 권력자의 무덤인 전방후원분(前方後圓墳)과의 관련성이 논의되었다. 전방후원분은 일본 고대에 유행했던 앞은 네모 모양이고 뒤는 원 모양이 합쳐진 형태로 열쇠 모양으로 생긴 무덤을 말한다.

세키노는 "1915년 7월 야츠이 문학사와 함께 경주 보문리에서 발굴한 부부총은 외형이 표주박 모양을 하고 있는데, 봉토 안에서 부부의 묘로 생각되는 것을 두 곳 발견하였다. 대체로 경주 남문 밖에서 종종 표형분을 볼 수 있다. 이것을 추측해 보건대, 두 무덤이 서로 접해 있어서 표주박 모양으로 되었으므로, 일본의 전방후원분과는 그 성질이 완전히 다르다."[90]라고 서술했다. 신라와 일본과의 관계가 백제와 일본과의 관계보다는 비중이 낮게 다루어진 것이다.

1910년대 세키노의 활동에 관해 "주로 세키노에 의해 실시된 1909년부터 1915년까지의 한반도 고적조사사업은 이전 시기와 마찬가지로 학술적인 목적에 의한 집중적인 조사이기보다는 식민통치를 위한 지역 자료 조사적 성격을 가지고 있었으며, 1916년 기구와 법령의 마련에 따른 본격적인 고적

89 관야정, 심우성 역, 2003, 『조선미술사』, 동문선, 145쪽.
90 관야정, 심우성 역, 2003, 『조선미술사』, 동문선, 148쪽.

조사사업의 전초 단계를 마련하였다."[91]라고 평가된다.

1910년대 후반기 조선 미술에 관한 정리

지리와 정치를 합친 '지정학'은 제국주의 시대에 만들어진 학문이었다. 오리엔탈리즘의 연장선에서 지리적으로 제국과 식민의 관계가 성립될 수밖에 없다는 논리였다. 조선에 해당하는 것이 '반도'에 관한 논의였다. 영어 peninsula의 번역어인 반도(半島)는 절반 섬을 의미한다. '절반'은 무엇인가 완성되지 못한 미성숙함을 의미했다. 일제는 조선을 식민지로 만들기 위해 '한반도'에 관한 지정학적 요소를 활용했다.

한국의 지리적 지형에 관해 일본인들은 주로 "서북쪽으로 중국, 동남쪽으로는 일본과 연결되는 지리 자연 상태에 의해 도저히 강고한 독립국이 될 수 없었기 때문에, 큰 나라를 섬김으로써 국가를 유지하였다."[92]라고 보았다. 혹은 "원래 조선이라는 나라는 불가사의한 나라로 예부터 진정으로 독립한 적은 거의 없고, 또 완전히 정복된 일도 없다. 어쨌든 손가락 사이의 고약처럼 수천 년간 반(半)독립국으로 지내왔다."[93] 등이 그 대표적인 논리였다.

일본과의 관계 때문에 백제의 역사가 주목되었다. 1915년 7월 9일 이미

---

91 이순자, 『일제강점기 고적조사사업 연구』, 경인문화사, 2009, 68쪽.

92 喜田貞吉, 『韓國の併合と國史』, 三省堂書店, 1910, 2-3; 한명근, 2002, 『한말 한일합방론 연구』, 국학자료원, 47쪽에서 재인용.

93 塩崎誓月, 『最新 韓半島』, 1906, 青木嵩山堂, 2쪽.

구로이타 가쓰미(黑板勝美)는 부여 능산리에 도착하여 중하총 다음으로 규모가 큰 중상총을 발굴하고, 그 후 7월 16일까지 전상총, 할석총, 횡혈총과 더불어 부소산성과 성흥산성을 조사했다. 당시 능산리 고분군에 대한 조사 결과는 세키노에 의해 곧바로 보고되었고, 1916년 『조선고적도보』 3집으로 간행되었다.[94]

세키노는 중상총에서 출토된 금동투조금구(金銅透彫金具)에 주목했다. 이는 금동을 재료로 해서 얇은 금속판을 뚫어서 조각을 한 유물을 의미한다. 그는 "이것은 옛날 도굴될 때 남은 것으로, 그 윤곽의 곡선, 투조의 당초문양 등은 순연히 우리 야스카(飛鳥) 시대의 문양으로, 거의 조금의 차이가 없다고 해도 좋다. 우리 야스카 시대의 예술이 백제 방식의 진사(眞寫)였던 것은 실상을 한편의 금구로도 명확하게 증명할 수 있다"[95]라고 하면서 이 고분을 성왕이나 위덕왕의 무덤으로 추정하였다.

1916년 이후 「고적급유물보존규칙」이 제정되고 고적조사위원회의 역할이 강조되기 시작했다. 세키노는 1916년과 1917년의 조사에 관여했다. 그리고 1915년부터 1937년까지 『조선고적도보』(전15권)라는 방대한 도록을 출간하는 작업을 주도했다.

『조선고적도보』는 한사군시대부터 조선시대 말까지 고적 및 고건축물, 미술공예품, 사료 등을 시대별로 하여 큰 도록(圖錄)으로 제작하고 주로 세키노가 편집을 맡았다.[96] 『조선고적도보』 1권(1915년 3월) 출판을 시작해서

94 이병호, 2011, 「日帝强占期 百濟 故地에 대한 古蹟調査事業」, 『한국고대사연구』 61, 한국고대사학회, 119~120쪽.

95 이병호, 2011, 「日帝强占期 百濟 故地에 대한 古蹟調査事業」, 『한국고대사연구』 61, 한국고대사학회, 120쪽.

모두 15권(1935월 6월)이 출간되었다. 도록의 제작과 함께 박물관을 설립했다.

당대 박물관이란 근대적 유물 보존 시설은 조선 사람들에게 생소한 개념이었다. 한말 시기인 1894년의 일본인의 기록에 따르면 "'듣기에 당신 나라(일본)의 수도에 박물관이란 것이 있고, 동서고금의 진기한 보물을 망라하여 수집하지 않은 것이 없다고 하니, 청컨대 그곳을 방문하라. 폐방(조선)의 옛 그릇과 유물이 없는 것이 없지 않겠는가. 대개 분로쿠의 정한역(임진왜란을 의미함 – 인용자)에 일본군이 팔도를 유린하고, 진기한 물건을 모두 약탈한 것이다. 어떤 사람의 말은 깊이 이것을 원망하는 것이었다.'"[97]라는 자료가 나온다.

위의 내용은 19세기 말 조선의 유적과 유물에 관한 일본인의 질문에 조선 조정의 명망가 한 사람의 논의를 기록한 것이다. 이러한 내용에서 확인되듯이 유물을 보존한다는 박물관의 긍정적 측면과 함께 약탈한 보물을 진열한다는 제국의 지배를 확인할 수 있게 한 공간임이 지적되고 있다. 즉 박물관이란 문화적 시설 역시 제국의 통치에 활용된 것이다.

일제는 1916년에 고적조사위원회를 설치하고 5개년 계획으로 고적 조사를 실시했는데 세키노는 주로 낙랑유적 조사를 담당했다. 그는 조사 기간 내내 현장을 직접 지휘했다. "세키노가 당시 조선에서 제국 권력을 등에 업고 거침없이 진행한 고적 조사에서 터득한 고분 조사법은 역으로 당시 아직 조사방법이 제대로 확립되지 않았던 일본 '내지'의 조사에도 큰 영향을 주었

96 이순자, 『일제강점기 고적조사사업 연구』, 경인문화사, 2009, 96쪽.

97 本間久介, 1894, 『朝鮮雜記』; 혼마 규스케, 최혜주 역주, 2008, 『조선잡기』, 김영사, 230쪽.

다는 것은 널리 알려진 사실"[98]이라고 평가된다.

또한 같은 해에 세키노 주도로 평남 대동군 대동강면 정백리와 석암리 일대에서 대동강면 1호분~10호분까지 모두 10기의 고분이 발굴되었다. 대동강면 9호분(석암리 9호분)에서 금제교구(金製鉸具)를 비롯하여 다량의 청동 기물과 칠기, 장신구 등이 출토되었다.[99] 금제교구는 금으로 제작된 허리띠를 고정하는 장식을 말한다.

1916년 이후 5개년 계획으로 「고적급유물보존규칙」 제정했다. 이에 대해 『매일신보』 1916년 7월 6일자에 그 내용을 한국어로 소개했는데, 이에 따르면 "고적: 패총, 석기, 골각기류를 포유(包有)하는 토지 및 수혈(竪穴) 등의 선사유적, 고분 및 도성, 궁전, 성책, 관문, 교통로, 역참, 봉수(烽燧), 관부, 사우(祠宇), 단묘, 사찰, 도요 등의 유지 및 전적, 기타 사실과 관계있는 유적을 뜻함; 유물: 오래된 탑, 비, 종, 금석불, 당간, 석등 등으로 역사, 공예, 기타 고고 자료가 될 만한 것"[100]이라고 보도했다.

이러한 「고적급유물보존규칙」에 관해 이상현은 "제5조에서 잘 보여주듯, 이는 한국 문화유산에 관한 '원형 유지의 원칙'이 최초로 법령으로 제시된 사례였다. 나아가 조선총독부의 고적 및 유물에 대한 개념 규정(범주화)에는 19세기 말부터 이어진 일본인들의 수행적이며 제도적인 실천이 전제되어 있었다. … 「고적급유물보존규칙」은 메이지 일본에서 시행되었던 문화재보호법이 한국에 적용된 사례였으며, 1910년경 반포된 일련의 법령들

98 장인성, 2006, 「관야정의 낙랑유적조사 · 연구 재검토」, 『호남고고학보』 21, 호남고고학회, 150쪽.
99 오영찬, 2013, 「'낙랑칠기' 연구와 식민지주의」, 『백제문화』 49, 공주대학교 백제문화연구소, 92쪽.
100 이상현, 「이중어사전과 개념사 그리고 한국어문학」, 『반교어문연구』 42, 65쪽.

「향교급재산관리규정」(1910), 「사찰령」(1911) 등과 연속선을 지니고 있었다."[101]라고 평가했다.

1917년에 50세이 된 세키노는 『조선고적도보』 발간에 참여한 공적으로 프랑스 학사원으로부터 스타니스 라시 줄리앙 상을 수상했다. 1909년 『조선고적조사특별보고』 제1책은 평양 부근에 있어서의 낙랑 시대의 분묘(세키노 타다시 외 5명)를 다루었다. 『조선고적조사특별보고』는 모두 7책으로 1909년부터 1930년까지 발행되었다. 그는 1918년 문부성의 명에 의해 중국, 유럽으로 유학을 떠났다가 1920년 5월에 귀국했다.

세키노의 학문적 활동은 일본인과 식민지 조선인에게 학문적 권위를 인정받았다. 그는 1916년 12월 정무총감의 모임에 초대를 받아 참석했고,[102] 경북 영주군 순흥면 석교리에서 순금으로 만든 귀고리 발견되었는데, "지난 19일 고적조사하기 위하여 이곳에 출장한 세키노 박사도 자세히 조사하였는데"[103]라고 해서 세키노가 유물과 유적 평가의 기준을 제시할 수 있다는 학문적 존재감을 내세우기도 했다.

한편 근대 해외여행은 해당 지역 예술품과의 조우 과정이었다. 각 지역에서 만나는 유물에 대해 세키노에 의한 정리와 평가가 소환되었다. 일본인 언론인 아베 요시이에(阿部充家)는 나주 명소 고적 가운데 하나인 석등농(石燈籠)에 대해 "세키노 박사는 이 석등농은 1천 년에 가까운 것이니 만약 이것이 모국에 있었다면 수 만원이라는 가치를 있으리라 평가했다 하니 무릇

101 이상현, 「이중어사전과 개념사 그리고 한국어문학」, 『반교어문연구』 42, 66~67쪽.
102 「總監邸의 雅會」, 『每日申報』, 1916.12.2, 2면.
103 「묘지에서 발굴된 純金製耳環」, 『每日申報』, 1916.12.7, 3면.

어떤 유물이든지 완전하여 있으면 시대가 있으니 확실히 그 가치는 있을지로다."[104]라고 기록했다. 현지답사에서도 세키노의 학설이 중요한 논거로 활용된 것이다.

세키노의 학문적 권위는 지속되었다. 1916년 세키노 팀은 평양 부근의 낙랑군 및 고구려 유적과 유물을 조사(1916년 9월 21일~11월 28일)하고, 수집품 543점, 사진 248매를 갖고[105] 1917년 6월 8월 저녁 9시 남대문 도착했으며 서울에서 4, 5일간 체류한 후 평안남북도 방면으로 출장하여 고적 조사할 예정이며 7월 중순에 조사를 완료할 예정이라고[106] 근황이 소개되었다.

1917년 세키노는 전년도 답사에 마무리되지 않은 고구려 관계 유적 조사를 1917년 6월 11일부터 시작했는데, 7월 15일 경성에 돌아와 평북 운산 지방 고분이 고구려에 속하는 것이라고 조사 보고하고, 집안현에서 고구려 환도성지 유적 답사 및 적석총을 시찰했다.[107] 1918년 세키노팀은 황해도 봉산군, 황주군(7월 3~16일) 경기도 고양군, 양주군(9월 18~20일), 전남 나주군, 전주군(9월 28일~10월 4일), 경남 함안군, 창녕군(10월부터)을 조사했다.[108]

'병합' 이후 1910년대 '조선학' 연구와 관련해서 조선 불교사가 서술되었다는 특징이 있다.[109] 조선의 역사와 문화가 학문적으로 정리되는 상황 속에서 근대적 학문이 이들은 일본 불교사가 존재하는데, 한국 불교사가 없음

104 無佛居士談, 「湖南遊歷-나주에서 전주에」(5), 『每日申報』, 1916.10.1., 4면.
105 이순자, 『일제강점기 고적조사사업 연구』, 경인문화사, 2009, 103쪽.
106 「관야박사 입성」, 『每日申報』, 1917.6.9, 2면.
107 이순자, 『일제강점기 고적조사사업 연구』, 경인문화사, 2009, 116~117쪽.
108 이순자, 『일제강점기 고적조사사업 연구』, 경인문화사, 2009, 130쪽.
109 류시현, 「1910년대 조선불교사 연구와 '조선학'의 토대 형성」, 『한국학연구』 44, 한국학연구소, 2013 참조.

을 '수치'라고 표현했다. 그 결과 권상노의 『조선불교약사』(1917)와 이능화의 『조선불교통사』(1918)가 출판되었다. 1910년대 후반 세키노의 조선 예술에 대한 연구 특히 불교 문화에 관한 연구는 많은 조선인 연구자들에게 큰 영향을 미쳤다.

이능화는 1915년 6월에 발표한 글에서 우리나라 불교 예술품으로 석굴암과 팔만대장경을 높게 평가하면서 "이뿐만 아니라 지리산 화엄사 3층전 오른쪽 벽에 새겨진 경(화엄경)과 경성의 탑골공원의 13층탑과 기타 여러 절의 탑묘(塔廟)건물과 종로(鐘爐) 도구 등이 세키노 박사의 감정으로 말미암아 정부로 하여금 고적을 보존하게 한 것"[110]이라고 평가했다.

최남선은 "무슨 이유로 그러했는지 여장(麗藏; 고려 대장경 - 인용자)의 판목이 멸절하였음을 전하여 … 근년까지도 대개 망실함을 믿었더니 … 공학박사 세키노의 조사 보고의 나온 후로 비로소 현존을 확실하게 알게 되었다더라."[111]라고 보았다.

이능화는 그의 책 내용 가운데 「금강산 유점사 사적기」를 소개하면서 "일본 공학박사 세키노의 조사보고서에 '유점사 봉당 내에서 발견된 불상 44구는 모두 신라 시대의 유물이다'라고 했다."[112]라고 세키노의 학설을 인용했다.

계속해서 이능화는 지리산 화엄사 신라 시대 화엄석벽경에 관해 조선총

---

110 이능화, 「불교신앙의 과거시대와 불교신앙의 현금(現今)시대를 논함」, 『불교진흥회월보』 1-4, 1915.6, 1쪽.

111 육당학인(최남선), 「東都繹書記: 고려판 대장경(3)」, 『每日申報』, 1916.11.10, 1면.

112 이능화, 『조선불교통사』, 1918; 조선불교통사역주편찬위원회, 『역주 조선불교통사』 1, 동국대학교출판부, 2010, 552쪽.

독부에서 위탁해서 이루어진 성과물인 세키노의 『조선예술의 연구』 속편 명치 43년(1911)을 인용했다. 이에 따르면 "화엄사 화엄석경 단편, 약 수천 개. 본사 불전의 벽은 석조로써 화엄경을 새겼는데 임진년의 병화로 파괴되었다고 한다. 현재 수천 개의 단편이 각황전 아래에 쌓여 있는데, 보호하는 방법이 완전하지 못하여 흩어지고 사라질 우려가 있다. 단편이 큰 것은 1척을 벗어나지 못한다. 이것은 신라시대에 제작한 것으로, 그 법이 우리 영락조(寧樂朝) (신라 선덕왕조에서 헌덕왕조의 시대이다)의 사경(寫經)처럼 부절(符節)이 합하는 것과 같다."[113]라고 소개되었다.

또한 이능화는 『조선불교통사』에서 1913년 4월 발간된 『밀교』 3-1에 게재된 세키노의 「신라 · 고려시대 불교의 유적」을 번역해서 수록했다. 이글은 세키노의 저작물을 모은 『조선의 건축과 예술(朝鮮の建築と藝術)』에도 수록되지 않은 정도로 그의 학문적 업적에서 중요하게 다루지 않았던 글이다. 여기서 세키노는 신라와 고려의 불교 유적을 "최고로 발달"했다면서 신라를 포함한 삼국시대와 고려 시대를 함께 묶어 설명했다. 전체적인 시기적 조망은 아래와 같다.

> 삼국시대는 남북조시대의 감화를 받았으며, 신라시대는 당의 영향을 받았다. 신라 시대 또한 이른바 조선 예술의 황금시대였다. 신라 말에는 웅대한 기풍은 사라졌으나 조선의 독특한 섬세함과 기묘한 유풍이 일어났다. 또한 고려시대는 신라 시대와 더불어 송·원에 고려의 특색이 다시 보태져서 발전하다가, 그 후에는 끝내 쇠퇴했다.[114]

113 이능화, 『조선불교통사』, 1918; 조선불교통사역주편찬위원회, 『역주 조선불교통사』 4, 동국대학교출판부, 2010, 318쪽.

이러한 모방과 쇠퇴의 맥락은 세키노의 기존 학문적 입장을 지속한 것이었다. 그렇다면 이능화가 왜 그의 글을 전문 번역했던 것일까? 1910년대 『조선불교통사』를 서술할 당시 이능화는 조선 예술을 부정적으로 본 관점에는 동의하지 않았다고 판단된다. 하지만 이능화는 부석사 무량수전에 대해 "최고로 우아하고 온건한 특색을 보이는데 걸작"이라는[115] 세키노의 학문적 견해에는 동의했기에 그의 「신라 · 고려시대 불교의 유적」을 번역 소개했다고 판단된다.

세키노는 1920년대 들어가서도 조선 불교에 관해 "불교와 함께 우수한 불교 예술도 수입하였으며, 건축·조각·회화와 기타 여러 분야에 걸친 공예도 당나라의 영향을 받아 많은 발전을 이루었다. 원래 당나라의 예술은 한편으로는 남북조시대의 양식을 계승하고, 다른 한편으로는 중인도에서 크게 번성한 굽타 왕조의 예술과 페르시아 사산 왕조의 예술의 영향을 받아, 이것을 융합해서 웅대하고 화려하며 풍만하고 아름다운 새로운 양식을 발전시켰던 것이다."[116]라고 평가했다. 이러한 조선 불교 문화재에 관한 그의 인식은 이후 조선인 미술사학자에게도 많은 영향을 미치게 된다.

---

114 이능화, 『조선불교통사』, 1918; 조선불교통사역주편찬위원회, 『역주 조선불교통사』 4, 동국대학교출판부, 2010, 396쪽.

115 이능화, 『조선불교통사』, 1918; 조선불교통사역주편찬위원회, 『역주 조선불교통사』 4, 동국대학교출판부, 2010, 394쪽.

116 관야정, 심우성 역, 2003, 『조선미술사』, 동문선, 167쪽.

1920년대 조선 예술에 대한 체계화

제국이 식민지의 역사와 문화를 연구하는 것은 식민 지배를 용이하게 위함이 목적이었다. 1920년대 초반 일본인의 조선학 연구의 필요성에 관한 한 일본인은 "조선 민족의 지도자가 될진대 우선 첫째 조선어를 이해하고, 조선의 풍습 · 습관에 두루 밝지 아니하면 진실한 정신적 감화를 주는 지위를 점하지 못할 줄로 생각합니다. 그런 까닭에 우리들이 용이하게 일본의 정신적 감화를 주려 할진대 차라리 우리들이 자진하여 조선어를 연구할 방법을 택하는 것이 좋을시니"[117]라고 보았다.

조선 지식인은 이러한 인식에 대응했다. 1920년대 초반 조선 미술사를 집필했던 박종홍은 "이 불완전한 소편(小篇)의 서술이지만 능력이 부족한 나에게로 그 책임이 돌아옴은 무슨 까닭인가? 아, 감(感)을 함께 하는 학우(學友)가 있는가, 나는 이를 생각함에 아주 깊은 안타까움을 용출하는 열혈(熱血)의 격한 감정을 스스로 금하지 못하는 바로다. 뜻을 함께하는 청년인사여, 이는 한 개인이 쉽게 완성할 바 아니오, 하루아침에 쉽게 완성될 것이 아니라. 그 소중함을 수반해서 곤란함의 정도는 더욱 심할 뿐이라. 그러므로 다만 취(趣)가 같고 의(意)가 합쳐지는 사람들이 서로 모여 편찬회(編纂會)를 조직하고 각자의 장점에 따라 그 수고로움을 나눈다면 아마 크게 성과를 거두길 기대할 수 있다."[118]라고 했다. 즉 조선 지식인이 조선적인 것에 관한 관심을 갖기를 촉구했고, 이를 잘 알리는 것이 근대적 학문을 배운 지식인

---

117 守屋榮夫, 『宏遠한 理想의 實現』, 朝鮮總督府, 1921, 17쪽.
118 박종홍, 「조선미술의 사적 고찰」(1), 『개벽』 22, 1922.4, 14쪽.

의 임무이라고 밝혔다.

박종홍은 "우리 민족의 특성을 밝히는 데에는 정신적인 특색이나 장점을 드러내어야 하겠으나 그것은 쉽사리 될 것 같지가 않았다. 사상사 같은 것을 쓸 수만 있다면 더할 나위 없이 좋은 일이겠으나, 그런 것은 엄두도 나지 않았다. 그리고 그것은 매우 추상인 것이어서 누구에게나 그것참 한 민족이란 훌륭하구나 하게끔 납득시키기가 곤란할 것 같았다. 그래서 나는 우리의 민족성이 단적으로 드러나 있는 것이 무엇일까를 생각해 보았다. 그것은 음악이리라. … 그러나 딱하게도 나는 음악이 그처럼 사람의 심금에 단적으로 호소하는 힘을 가진 것은 아나 더 나아가 음악에 대한 아무런 지식도 없다. … 그리하여 미술을 생각하게 된 것이다. 미술도 내가 알 리 없지만, 그래도 미학이니 미술사니 하는 것을 읽고 보니 공부만 하면 어느 정도까지는 알 수 있지나 않을까. 창작을 못 할망정 배우노라면 우리의 미술사를 쓸 만한 눈은 생길 것같이 짐작되었다. … 그리하여 나는 고등보통학교를 마친 후 한동안 미학과 미술사에 몰두하였다."[119]라고 밝혔다. 미술에서 '민족성'을 찾고자 한 것이다.

1920년 세키노는 1920년 5월 귀국한 후 다시 10월 13일 경성에 들어와 총독부박물관에서 조사를 행한 후 22일에 야츠이(谷井齊一)와 함께 이른바 가야 지역을 조사했다.[120] 그리고 1921년 경남 양산 부근 가야 문화권의 패총을 시굴 · 조사했으며, 같은 해 9월 27일~30일에 걸쳐 신라 경주의 금관총을 발굴했다.[121]

119 박종홍, 「독서회상」, 『박종홍전집』 7, 형설출판사, 1980, 251쪽.
120 이순자, 『일제강점기 고적조사사업 연구』, 경인문화사, 2009, 135쪽.

세키노는 1922년에 설립된 재단법인 경주고적보존회 24명의 고문 가운데 한 사람이었으며,[122] 1922~1935년 조선총독부박물관협의회 협의원을 지냈다. 당시 조선총독부 관리의 담화 내용에서 그의 학문적 위상을 볼 수 있다. "병합 이래 고적조사위원회를 설치하고 매년 약 3만 원 내외의 경비를 투자하여 조선 문화의 연구를 계속" 하던 조선총독부는 1924년 4월 21일에 제 1회의실에서 교토대학 교수 하마다 고사쿠(濱田耕作) 박사(위원), 우메하라(梅原) 경대강사 등과 함께 고적조사위원회를 개최했다.

고적조사과장 오다 쇼고(小田省吾)는 고적조사위원회에 관해 "조선의 문화를 유지하고 세계에 보고하기 위하여 고적조사위원회를 설치한 후 전문가의 손으로 신중히 조사하여 학계에 공헌한 것"이 많았다는 담화를 발표했다. 이 담화에서 오다는 1923년도 세키노의 낙랑군과 고구려의 유적 조사 활동을 중요한 업적으로 내세웠다. 그리고 "제8권의 재간과 보고서는 1916년 이래 세키노 박사 조사의 낙랑군 유적보물에 관한 것이니 2백 수십 매의 대도판과 함께 출판하니 하마다(濱田) 박사가 작성하는 경주 금관총의 보고서도 발표하게 되는데 이 두 개는 학계가 놀랄만한 귀중한 조사"[123]라고 해서 세키노가 주관한 『조선고적도보』를 의미 있는 학술 활동으로 평가했다.

1924년 10월 『조선일보』에서는 "평양 대동강 대안 일대의 낙랑의 고적을 조사하기 위해 10월 10일에 평양부 촉탁 도다(藤田) 총독부박물관장 일행은 평양에 도착하여 하루 이틀간 옛 무덤 두 곳을 파기로 결정하였는데

121 이순자, 『일제강점기 고적조사사업 연구』, 경인문화사, 2009, 162쪽.
122 이순자, 『일제강점기 고적조사사업 연구』, 경인문화사, 2009, 399쪽.
123 「고적조사계획」, 『조선일보』, 1924.2.22, 2면.

조선고적연구에 열심히 하는 세키노 박사도 곧 평양에 올 터이라더라."[124] 라고 보도했다. 그리고 1925년 3월 『낙랑시대의 유적(樂浪時代の遺蹟)』 도판 상하권 2책을 발행하고[125] 1928년 『고구려 시대의 유적(高句麗時代の遺蹟)』 이란 특별고적조사사료 보고서가 발행되었다.[126]

평양 지역 고구려 고분에 관한 조사가 더욱 본격적으로 진행되었다. 『조선일보』 1928년 10월 25일 자에서 "평남 순천군 북창면 북창리와 선소면 용암리에 산재한 고분은 지금부터 약 일천 오백 년 전 고구려 시대의 유물로 규모가 웅대한 무덤 안에는 고고학적으로 참고 재료가 가득 차 있으며 벽화는 조선 최고의 미술품으로 극히 중요한 보물인데 벌써 10여 년부터 총독부에서는 엄중히 간수하여 오던 중 지난 20일에는 동경제국대학 교수 세키노 박사가 이 고분을 발굴하기 위하여 멀리 순천까지 와서 조사를 마치고 더욱 엄중한 간수를 하도록 하였다더라."라고 전했다.

이상에서 살펴보았듯이, 1920년대 이루어진 세키노의 한국 유적과 유물에 대한 조사는 시대와 공간을 불문하고 전방위적으로 이루어졌다. 그리고 이러한 유적과 유물에 관한 조사는 여러 저술을 통해 체계화로 연결되었다. 구체적으로 조선 예술 전체를 대상으로 시대적으로 조망한 그의 학술 활동은 1920년대 주제 강연으로 연결되었고, 1930년대에는 『조선 미술사』란 통사(通史)의 서술로 귀결되었다.

---

124 「낙랑고적조사」, 『조선일보』, 1924.10.11, 2면.
125 이순자, 『일제강점기 고적조사사업 연구』, 경인문화사, 2009, 181쪽.
126 이순자, 『일제강점기 고적조사사업 연구』, 경인문화사, 2009, 192쪽.

조선 미술사를 위한 조선 역사 구상

한반도 고적 조사의 주체는 일제 권력이었다. 조선총독부에서 고적조사 기관을 설치하여 세밀히 탐색한 결과, 세키노는 고대 미술품 가운데 최근까지 알려지지 않은 것이 서서히 세상에 모습을 드러내게 되었다라고[127] 자평했다. 세키노의 고건축 · 고적 조사는 표면상으로는 지방 제도의 완성에 따라 고건축물은 새로운 행정 시설로 전용하고, 혹은 파괴되거나 철거의 위험이 있는 것을 조사한다는 명목으로 시작되었다. 그 방면으로 조사가 이루어져 일본이 한국 지배를 위한 자료 조사적 성격을 다분히 지니고 있었다.

더욱이 조사 대상인 고건축물을 보존 가치에 따라 등급별로 구분함으로써 그 후 한국 문화재 지정의 기초 자료를 마련하였으며, 특히 1909~1911년간의 조사에서는 '새로운 시설'로 이용하기 위한 조사였던 만큼 고건축물을 변용하여 행정 시설 혹은 문화시설로 활용함으로써 지방 통치의 토대를 마련하였다고 평가된다.[128] 일제의 행정적 장악력은 조선 문화에 관한 학문적 정리 과정과 연동된 것이다.

한국의 지세(地勢)에 관해 세키노는 "일찍부터 중국 문화를 수입하였으며, 미술 공예의 경우 항상 그 영향을 받아 발전하였다. … 한편 중국에서 수입한 문화를 일본으로 수출하였다. 이와 같이 조선은 예로부터 주로 중국 문화의 혜택을 받았으며, 역대 왕조 역시 항상 중국의 침략을 받았다. 그리고 가끔은 일본으로부터 공격을 당한 적도 있었다. 여하튼 한 국가로서는

127 관야정, 심우성 역, 2003, 『조선미술사』, 동문선, 67~68쪽.
128 이순자, 『일제강점기 고적조사사업 연구』, 경인문화사, 2009, 495~496쪽.

다소 영토가 좁고 인구도 적어 중국에 대항하여 완전한 독립국을 형성할 수 있는 힘이 없었으므로 자연히 사대주의 · 퇴영고식주의에 빠져 국민의 원기도 차츰 소모되었다."[129]라고 보았다.

지세에 관한 설명은 국민성 논의와 연동된 것이다. 세키노는 식민지 조선을 답사한 경험을 바탕으로 "가는 곳마다 지세가 작게 갈라져 있어 이것이 국민의 기질에도 영향을 주어 웅대하고 강건한 기상이 결여된 면도 없지 아니하다. 이 속에서 생겨난 미술 역시 아기자기하고 심약한 면을 가지고 있다"[130]라고 거듭 주장했다. 조선인의 국민성을 언급하면서 '심약', '아기자기함'을 강조한 것이다.

미술품의 재료에 관해 세키노는 "가옥은 목조 위주이지만, 흙 · 돌 · 벽돌 등을 혼용하였기 때문에 웅장하고 수려한 건축을 하기가 곤란하다. 따라서 조선의 가옥은 자연히 왜소해지기 십상이다. 그러나 석재는 비교적 풍부하며 … 그래서 일찍부터 석탑, 석비, 석부도, 석불 등이 만들어져 오늘날까지 비교적 많이 남아 있는데 이것들은 고대 미술의 진상을 연구하는 데 있어서 중요한 자료가 되고 있다. 일본은 이러한 양질의 석재가 빈약하므로 석조물이 극히 적다. 만약 조선에 이러한 석조 미술 공예품이 없었다면, 조선조 이전의 유물은 거의 사라져 고대 미술의 진상을 알기가 불가능했을 것"[131]이라고 보았다. 석조 미술품에 대한 부각은 다른 예술품의 가치를 낮추는 효과를 낳을 수 있다.

---

129 관야정, 심우성 역, 2003, 『조선미술사』, 동문선, 68쪽.
130 관야정, 심우성 역, 2003, 『조선미술사』, 동문선, 69쪽.
131 관야정, 심우성 역, 2003, 『조선미술사』, 동문선, 69쪽.

조선 유적과 유물의 예술적 가치의 미비함을 강조한 '식민사관'적 논리 구성을 바탕으로 세키노는 조선인의 관습과 기질을 "사대주의에 빠져 미술에도 독창성이 결여되어 있고, 시종 중국 예술의 모방에 물들어 있다. 그러나 그 가운데 다소 국민성을 보여주는 고유한 특질을 나타내는 것도 있다. 국민정신이 일반적으로 문약하며, 웅대하고 호방한 기질이 결여된 나머지 표현된 미술 역시 소규모이며 지나치게 섬세하고 화려한 폐단이 있다. 그리고 풍수에 심화되어 특히 분묘 위치의 선택이나 설치에 고심하여 묘제(墓制)가 상당히 장려한 모습을 드러내고 있다."[132]라고 보았다.

조선 미술사는 공간적 영역에서 조선이란 지역적 단위와 주제별 역사 영역에서 미술(예술)의 역사를 다루는 영역이다. 세키노는 1923년부터 조선사 강좌에서 미술사를 맡아 강의한 것을 바탕으로 1932년에 『조선 미술사』로 펴냈다.

유홍준은 이 책에 관해 "목차를 보면 첫머리가 낙랑 시대, 즉 한반도의 문화는 '중국의 식민지' 시절부터 시작된다는 것"에서 찾았다. 그리고 세키노는 "제국주의적 관점에서 중국이나 일본의 도움 없이는 조선이 독립국을 형성할 능력이 없는 것으로 보고, 조선의 문화는 쇠퇴할 수밖에 없는 것으로 비하해 놓았다. 그처럼 일제는 일본인 학자를 내세워 식민통치를 보다 원활히 하기 위한 도구적 관점에서 우리의 역사를 왜곡하고 미술사를 정리하였다."[133]라고 평가했다.

132 관야정, 심우성 역, 2003, 『조선미술사』, 동문선, 70쪽.

133 유홍준 · 이태호, 『한국미술사연구 100년(상)』; 윤용이 외, 1997, 『한국미술사의 새로운 지평을 찾아서』, 학고재, 17~18쪽

이러한 「조선 미술사」를 세키노가 작성한 경위는 1932년 9월 10일 자로 조선사학회 이름으로 밝힌 머리말에서 잘 나타난다. 머리말에서 "평양 부근과 경주에서 발굴된 우수한 유물 가운데 고대 미술사에 참고가 될 만한 것이 적지 않았다. 또한 1931년 3월 도쿄에서 개최된 조선명화전람회는 조선 회화사에 있어 위대한 효과를 거두었다. 이로 인해 세상 사람들은 일반적으로 한반도의 미술에 커다란 관심을 갖게 되었다. 그 결과 더욱 체계 있는 조선 미술사를 요망하는 소리가 점점 커지고 있는 것도 사실이다. 따라서 특별 강좌로 실린 적이 있는 세키노 타다시 박사의 미술사를 새로 정리하여 단행본으로 세상에 내놓기에 이르렀다."[134]라고 밝혔다.

세키노는 이 책에서 미술을 크게 건축, 조각, 회화 이상 세 부분으로 나누었고, 그의 『조선 미술사』에서는 공예품을 포함했다.[135] 그의 『조선 미술사』는 시대순으로 작성이 되었고, 한국 통사에 대한 세키노의 이해는 "조선의 미술은 낙랑군 시대에 한(漢)민족의 양식을 수입하였으며, 심국시대부터 통일신라 시대에 이르러 그 발달이 정점에 달하였다. 그러나 고려 시대에 다소 쇠퇴의 조짐을 보이다가, 조선 시대에 이르러 한층 쇠퇴를 거듭했다."[136]라는 역사인식에 기반하고 있었다.

구체적으로 세키노는 "통일신라 시대의 예술은 초기에 당나라 초기의 양식을 그대로 받아들여 매우 웅대한 기상을 발휘하였지만, 경덕왕 무렵에는 점차 고유의 취미를 드러내면서 화려하고 정교함의 극치를 이루었고, 이후

134 관야정, 심우성 역, 2003, 『조선미술사』, 동문선, 5쪽.
135 관야정, 심우성 역, 2003, 『조선미술사』, 동문선, 67쪽.
136 관야정, 심우성 역, 2003, 『조선미술사』, 동문선, 67쪽.

서서히 쇠퇴하여 심약해지는 폐단에 빠지게 되었다. 그러나 그것은 후세에도 결코 시도할 수 없는 우수한 특색을 지니고 있다."[137]라고 밝혔다.

세키노와 달리 조선 예술에 '애정'을 지녔던 야나기 무네요시는 조선 역사를 달리 보았다.[138] 1919년 5월에 발표한 그의 글에서 그는 조선 역사의 긍정적인 측면에 관해 "누구나 조선사를 읽을 때 그 어둡고 비참하고 때로는 공포에 가득 찬 역사에 마음이 흔들리지 않는 사람이 없을 것이다. 동양의 황금시대 – 당나라 시대 – 에는 조선에도 신라의 전성시대가 있었다."라고 전체적으로 조망했다.

야나기는 신라를 조선 예술의 전성시대로 보았다. 그는 "경주를 여행하는 사람들은 나라(奈良)에 가서 스이고(推古) 덴페이(天平)의 옛날을 회고하는 것과 같은 감회를 맛볼 것"이라고 해서 경주에서 일본의 옛 역사를 찾고자 했다. 그는 조선 미술을 바라볼 때, 통치가 목적이 아닌 조선인에 대한 동정과 공감을 바탕으로 했다.

또한 조선의 역사에서 비판적인 모습을 지적하기도 했다. 그는 "조선의 역사는 그러한 밝은 시대만 살아온 것이 아니다. 오히려 그것은 잠시 동안뿐이고, 끊임없이 침입해 오는 왜구와 서로가 상처를 입히는 내란으로 말미암아 국민은 편히 지낼 날이 없었다. 후자는 자신에게 죄가 있었겠으나 전자는 견디기에 너무나 참기 어려운 운명이었다. 역사가는 이 나라의 국시(國是)가 '사대주의'였다고 할지 모른다. 그러나 지리적 이유 때문에 부득이

137 관야정, 심우성 역, 2003, 『조선미술사』, 동문선, 167쪽.

138 야나기 무네요시, 「조선인을 생각한다」, 『요미우리신문』, 1919.5.20.~24; 이길진옮김, 1994, 『조선과 그 예술』, 신구, 21쪽

받지 않을 수 없었던 그들의 숙명에 우리는 깊은 동정을 보내게 된다."라고 보았다. 세키노와는 전혀 다른 차원의 접근이었다. 그는 통치가 목적이 아닌 조선인에 대한 동정과 공감에 기반으로 했던 것이다.

세키노의 『조선 미술사』는 "세키노 타다시가 조선의 '미술연구'에서 가장 주력한 부분이 '조선 미술사'의 체계 구축에 있었던 것"[139]이란 측면에서 체계화를 위해서는 시대 구분이 중요했다. 세키노의 조선사 시기 구분은 최초에는 신라 시대 → 고려 시대 → 조선 시대였다가, 삼국시대 → 신라통일 시대 → 고려 시대 → 조선 시대로, 최종적으로 낙랑 시대 → 삼국시대 → 신라통일 시대 → 고려 시대 → 조선 시대로 정해졌다. 이러한 시기구분은 30년간의 연구가 모아진 것으로 평가된다.[140] 세키노의 각 시기별 '조선 미술사'의 시기 구분은 다음과 같다.

〈세키노의 주요 저서에서의 시대구분 변천〉[141]

<table>
<tr><th>조선건축조사보고(1904)</th><th>한홍엽(1910)</th><th>조선 미술사(1932)</th></tr>
<tr><td rowspan="3">신라 시대: 한(漢) 이후 당대의 영향
1기: 한나라의 영향
2기: 육조의 영향
3기: 당나라의 영향</td><td>제1기 삼한 시대</td><td rowspan="2">발생기: 상대
(1) 낙랑군
(2) 고구려
(3) 백제
(4) 가야
(5) 고신라</td></tr>
<tr><td>제2기 삼국시대</td></tr>
<tr><td>제3기 신라통일 시대</td><td>융성기: 통일신라 시대</td></tr>
<tr><td>고려 시대: 송원의 영향</td><td>제4기 고려 시대</td><td>전성기</td></tr>
<tr><td>조선 시대: 명청의 영향</td><td>제5기 조선 시대</td><td>쇠퇴기</td></tr>
</table>

139 金東園, 『「韓國文化財」形成過程に關する 史的考察』, 東京外國語大學 博士論文, 2017, 116쪽.
140 金東園, 『「韓國文化財」形成過程に關する 史的考察』, 東京外國語大學 博士論文, 2017, 132쪽.
141 강현, 2005, 「관야정과 건축문화재 보존」, 『건축역사연구』 14, 한국건축역사학회, 49쪽.

『조선 미술사』에서는 낙랑군을 강조하고 조선 시대를 '쇠퇴기'로 본 것이 주목된다. 그렇다면 대응해야 할 논리는 세키노의 조선 시대와 당대에 대한 인식이었다. 즉 "세키노의 관심이 놓이지 않은 고려 시대와 조선 시대에 대해서 미술의 면으로 신라와 낙랑에 대비해서 크게 열등한 이미지를 만든 것"[142]에 관련해서 이에 대한 대응 논리가 필요했다. 고려 시대와 조선 시대 예술품의 독자적인 아름다움을 찾아야 하는 것이 조선인 미술사가들의 과제가 된 것이다.

142 金東園, 『「韓國文化財」形成過程に關する 史的考察』, 東京外國語大學 博士論文, 2017, 101쪽.

3장

조선 미술사 서술과 한국사 인식

상대 인식

민족사의 서술은 민족의 기원과 성장 그리고 발전을 담아야 한다. 민족사의 한 분야인 미술사의 경우에도 그러했다. 조선 민족사의 구도를 설정해야만 했다. 미완이지만 조선인 박종홍의 조선 미술사에 대한 전체적인 구상은 "단군 이래 우리의 문화가 전체적으로 관찰하매 도도히 진행하야 왔음은 사실이라, 그와 동반하여 삼한 시대와 삼국시대를 경과하고 통일신라 시대로부터 고려 시대에 거쳐, 건축, 조각, 회화 등 역연(歷然)한 그의 발달, 변천의 경로를 가지고 있다."[143]라고 천명했다. 즉 단군 – 삼한 시대 – 삼국시대 – 통일신라 시대 – 고려 시대를 진행 및 발달 과정과 경로를 규명하고자 했다.

세키노는 삼국시대 이전을 상대(上代)라고 불렀다.[144] 그는 "조선 예술의 발생기"라고 규정했다. 하지만 "낙랑군 시대에는 주로 중국에서 도래한 한

143 박종홍, 「조선미술의 사적 고찰」(1), 『개벽』 22, 1922.4, 13.
144 관야정, 심우성 역, 2003, 『조선미술사』, 동문선, 70~71쪽.

(漢)민족의 문화를 나타냈으며, 이 민족이 남긴 예술품 중 조선 고유의 것은 없다. 그리고 고구려, 가야, 백제, 고신라의 예술은 민족 고유의 것에 중국 한, 위, 육조 시대의 영향이 가해진 것이다. 또한 지방은 일본 상대의 예술과 커다란 관련이 있다."라고 보았다.

그는 통일신라 시대를 예술의 전성기로 보았다. 하지만 "중국 문화의 황금시대라 할 수 있는 당나라 예술을 수입하여 매우 우수한 것을 만들어 냈다. 실제로 통일신라 시대는 조선 미술의 융성기이다. 고려 시대는 그 전성기라 할 수 있으며, 한편으로는 신라 예술의 연장이고, 다른 한편으로는 송・원나라의 영향을 받았다. 신라의 것에 비하면 섬세하고 치밀한 면을 잃어버렸지만 우수한 것을 만들어 냈다."라고 해서 중국의 영향을 크게 강조했다.

나아가 통일신라 시대를 전성기로 규정했기에 상대적으로 조선 시대를 부정적으로 이해했다. 그에게 조선 시대는 '미술의 쇠퇴기'였으며, 조선 시대는 "고려 시대의 양식을 계승하였으며, 다소 명나라의 영향도 받았다. 초기에는 상당히 볼만한 것도 만들어졌지만, 후기에 들어 국가의 기운이 쇠퇴함에 따라 서서히 쇠락하게 되었다. 그러나 고유의 특질을 발휘한 것도 많이 있다."라고 보았다. 따라서 그의 인식 속에서 단군과 삼한 시대 등은 고려 대상이 되지 않았다.

조선인 연구자들은 단군과 고조선 시대부터 조선 민족사와 미술사의 기원을 찾고자 했다. 단군과 당대 미술에 관해서 박종홍은 "조선 민족사의 서막(序幕)은 단군 시대로부터 비로소 개시하고 그 이상 한 걸음도 월선(越線)함은 불허하도다"[145]라고 밝혔다. 그리고 단군 시대는 단군조선, 기자조선,

위만조선으로 구별될 수 있다. 조선 시대 지식인들은 조선의 기원을 단군에서 찾으면서, 중국 은나라에서 '망명'한 기자(箕子)에 의해 수립된 기자조선이 조선 문명의 기원으로 받아들여졌다. 그리고 그 기자조선이 위만조선으로 교체될 때 기자조선의 마지막 임금인 기준(箕準)이 마한 땅으로 가서 왕이 되었다고 보았다. 박종홍은 이러한 인식에 대응 논리를 만들었다.

> 세상 사람 중에는 마한을 기자의 후예인 기준(箕準)이 창건한 것과 같이 전하는 자 있으나 당시의 남선(南鮮) 지방은 비록 곱고 아름다운 청계(淸溪) 사이에 나뉘어 존재하여 각각 소국을 건립하였음에 불과하였으나 또한 가히 군웅할거시대(羣雄割據時代)라 칭할만한 것이니 위만(衛滿)과 같은 약소한 외적은 격퇴치 못하고 남쪽으로 도망친 수치를 부득이 얻은 기준처럼 쇠약한 존재가 어찌 마한의 왕이 됨을 할 수 있으리오. 이 또한 하나의 작은 골짜기에서 자칭 제왕(帝王)을 자처하였을 것으로 추측할 수 있다. 이에 논함은 배달족(倍達族)의 후예가 본립(本立)한 마한의 문화임을 특히 주의할진저.[146]

삼한의 역사는 단군 시대와 연결되었다. 박종홍은 거듭 "삼한 시대라 칭함은 우리 배달국 단군의 후예인 종족이 북은 요동으로부터 흑룡강 사이에 가로질러 있는 만주의 큰 평원으로부터 남쪽은 해양을 사이에 여러 섬까지 널게 반포된 당시를 말함이니 구태여 남부 한 부분에 불과할 삼한 뿐만을 논함은 아니로다. … 서쪽으로는 단군 시대에 이미 강화도에까지 남쪽으로 옮겨 성을 쌓고 제단을 조성하며 거주했다. 서남쪽의 옥야(沃野)를 지나 더욱 남쪽으로 옮긴 자들은 … 영동(嶺東)에서 남쪽으로 도망쳐 진한(辰韓), 변

145 박종홍, 「조선미술의 사적 고찰」(3), 『개벽』 24, 1922.6, 18쪽.
146 박종홍, 「조선미술의 사적 고찰」(3), 『개벽』 24, 1922.6, 25~26쪽.

한(弁韓)을 조성하고 영서(嶺西)에서 남쪽으로 마한을 이루었다. 이 두 갈래의 동족(同族)이 남해안에서 서로 상봉하니 이에 비로소 근화반도(槿花半島)에 우리 배달 자손이 두루 번창하여 그 지반을 확립하게 된 시초"[147]가 되었나고 보았다.

조선 미술사를 정립하기 위해서는 서술 주체인 조선(인)이 누구인지가 선명히 정립되어야 했다. 마한과 진한의 역사는 탈중국의 사례로 활용되었다. 박종홍은 "마한과 진한의 풍습이 서로 같지 않다고 말하는 사람이 왕왕 있다. … 지세가 서로 다르고 풍토가 서로 나뉘었으니 어찌 서로 꼭 같을 수 있기를 바라겠는가. … 수백 년 중국 숭배의 말폐(末廢)에 취해서 소위 진국(秦國)의 유민(流民)이라 자칭하는 사람들은 … 자가(自家)의 원류(源流)를 버리고"[148] 방향성을 잃은 존재라고 보았다.

반면 세키노는 특히 중국 한(漢)민족의 조선반도로 이주한 것과 그들로 인한 문화의 전파를 증명하는데 관심을 기울였다.[149] 한 연구자에 따르면 낙랑군 유적에 대한 고고학적 조사는 1909년 세키노에 의한 전실묘(塼室墓)의 발굴과 이마니시(今西龍) 등에 의한 대동강면 전실묘의 발굴로부터 시작되었다고 했다. 발굴 당시에는 아직 정보 수집이 부족한 관계로 심지어 고구려 유적으로 오해되기도 한다. 세키노는 1909년 석암동 고분, 대동강면 갑분(甲墳)을 조사했는데, 이는 "최초로 조사된 낙랑고분"[150]이라고 평가된다.

147 박종홍, 「조선미술의 사적 고찰」(3), 『개벽』 24, 1922.6, 21~22쪽.

148 박종홍, 「조선미술의 사적 고찰」(3), 『개벽』 24, 1922.6, 22쪽.

149 金東園, 『「韓國文化財」 形成過程に關する 史的考察』, 東京外國語大學 博士論文, 2017, 101쪽.

150 오영찬, 2013, 「'낙랑칠기' 연구와 식민지주의」, 『백제문화』 49, 공주대학교 백제문화연구소, 91쪽.

세키노는 자신 스스로가 낙랑문화의 첫 발견자라고 생각했다 그에 의한 낙랑 유적의 조사는 "1909년 평양시 대동강면의 남안에서 1기의 전실묘를 발굴하는 것으로 시작한다. (석암동 고분의 발굴은 우연) 평양일보 사주로부터 대동강 남쪽에 많은 고분이 산재한다는 정보를 입수하게 된 것이 조사의 발단 … 9월 14일 굴착의 시도 … 9월 15일 발굴 시도 … 네 번째가 석암동 고분 … 세키노는 의주 방문 조사 후 9월 31일 현장 방문해서 고분의 구조를 관찰"[151]했다고 한다. 고구려 무덤으로 간주했던 세키노는 "1910년 1월에 열린 일본사학회에서도 이를 고구려 고분으로 발표하고 축조시기를 600년 전후로"[152] 발표했다.

1910년 11월 이나미시이 동경제대 열품실(列品室)에 보관 중인 '王ㅁ'이 새겨진 칠기 금구의 명문을 낙랑군과 관련된 문헌 사료에 등장하는 왕 씨와 연결시켜 해석함으로써 이후로는 평양 일대의 전실묘를 낙랑군 유적으로 이해할 수 있게 되었다.[153] 1911년 9월 용강군에서 어을동고성이라는 것을 조사하고 낙랑군의 유적에 해당하는 것으로 파악했다.

1912년에 야츠이 세이치에 의해 황해도 봉산군 대방태수묘가 조사되고, 1913년에는 대동강면 오야동에서 목곽묘가 처음 발견 조사되었다. 1914년부터 세키노는 낙랑군 및 낙랑시대란 용어를 공식적으로 사용했다.[154] 1916년에는 세키노, 야츠이(谷井)에 의하여 석암리, 정백리에 분포하는 목곽묘 4기, 전실묘 6기가 조사되었으며 본격적인 낙랑분묘의 발굴 조사가 개시되었

151 장인성, 2006, 「관야정의 낙랑유적조사 · 연구 재검토」, 『호남고고학보』 21, 호남고고학회, 141~142쪽.
152 장인성, 2006, 「관야정의 낙랑유적조사 · 연구 재검토」, 『호남고고학보』 21, 호남고고학회, 145쪽.
153 오영찬, 2013, 「'낙랑칠기' 연구와 식민지주의」, 『백제문화』 49, 공주대학교 백제문화연구소, 92쪽.
154 장인성, 2006, 「관야정의 낙랑유적조사 · 연구 재검토」, 『호남고고학보』 21, 호남고고학회, 147쪽.

다.[155]

세키노는 1910년대 조사를 기초로 낙랑분묘를 목곽묘와 전곽묘의 두 가지로 크게 분류했다. 그러나 이 단계에서는 아직 각 매장주체부의 변화에 대해서는 지석되지 않았다.[156] 낙랑문화에 관한 세키노의 조사 활동은 "낙랑 토성이 처음으로 학계에 알려진 때는 1913년 9월이다. 당시 세키노 조사단의 일원이었던 야츠이와 이마니시(今西龍)는 일본 육군이 제작한 평양 부근의 지도에 토성리(土城里)라는 지명이 있는 것을 보고 그 부근을 답사한 결과 토루(土壘)와 한식(漢式) 기와들을 발견한 것이 직접적인 계기가 되었다."[157]라고 이해된다.

세키노는 구체적인 유적 조사 즉 낙랑군 소재지에 관해서 "지금까지 학자들은 낙랑군의 소재지가 지금의 평양에 위치하였다는 것을 조금도 의심치 않았다. 또한 낙랑군 시대의 유적 · 유물이 존재한다고는 아무도 생각지 못했다. 그런데 1909년 10월 우리 일행이 구한국 정부의 촉탁을 받아 고적 조사를 하였을 때, 평양의 건너편 강가에 있는 고분을 발굴하기 시작하면서 이것이 낙랑군 시대에 속하는 것임을 알았다."라고 밝혔다.

세키노는 1913년 9월에는 총독부의 촉탁으로 평양 부근을 조사하였는데, 일행 중의 이마니시(今西), 야츠이(谷井) 두 사람이 낙랑군의 소재지로 생각되는 곳을 평양에서 약 400m 떨어진 대동강 하류의 건너편 강가인 대동강면에서 발견하였다. 그는 계속해서 "그후 확실한 증거가 뒤이어 밝혀져 이 지점을 낙랑군 유적지로 확정한 것이다. 이 지점은 대동강 남안에 있으

155 高久建二, 1995, 『낙랑고분문화 연구』, 학연문화사, 25~26쪽.
156 高久建二, 1995, 『낙랑고분문화 연구』, 학연문화사, 135쪽.
157 이성규 외, 『낙랑문화 연구』, 동북아역사재단, 2006, 33~134쪽.

며, 작은 구릉을 이루어 지금은 토성(土城)이라 칭하고 있다. 기와와 벽돌 파편이 한나라 시대의 양식, 기와에 남긴 문양, 봉니 등의 자료 등을 토대로 이 토성이 분명 낙랑군의 도읍지임을 입증할 수 있었다. 뿐만 아니라 이 토성을 중심으로 부근에 1000여 기의 무덤이 흩어져 있고, 그것이 모두 낙랑군 시대의 것임을 알게 되자, 이 지점이 낙랑군의 소재지임을 학계에서 인정하게 된 것"[158]이라고 보았다.

1916년 9~10월에 걸쳐 낙강군치지부군의 고분군 가운데 10기를 발굴하고 비교적 풍부한 유물을 획득하자 낙랑의 이름이 차츰 세상에 알려졌다.[159] 세키노의 낙랑지역 발굴 답사에서 주목되는 것은 점제현 신사비의 발견이다.

점제현 소재지에 대해 세키노는 "낙랑군 안에 점제현이란 곳이 있었다. 1910년 우리 일행은 평안남도 용강 서쪽으로 약 800m 떨어진 어을동에서 고성(古城)을 조사하였다. 동서 약 150m, 남북 약 115m의 부지에 흙으로 성벽을 둘러쌓았는데, 이곳에서 낙랑 시대의 옛 기와 파편을 주웠다. 1913년 9월, 일행인 이마니시 박사가 이 부근에서 옛날 비석의 탁본을 얻었는데, 이 비석에 새겨진 글자를 보아 점제현임이 분명해졌다. 따라서 어을동 고성이 점제현의 유적지라는 것을 알게 되었고, 이제까지 학자들 사이에서 오랫동안 의문시되어 왔던 열수(列水)가 이 비석에 의해 대동강으로 결정된 것이다. 이 비석은 후한 말에 세워진 것으로, 조선에 현존하는 가장 오래된 비석이다."[160]라고 보았다.

---

158 관야정, 심우성 역, 2003, 『조선미술사』, 동문선, 76~77쪽.

159 관야정, 「낙랑대방 양군의 유적 및 유물」(일문); 이태희, 「조선총독부박물관의 중국 문화재 수집」, 『미술자료』 87, 국립중앙박물관, 2015, 183쪽 재인용.

1920년대 중반에 이에 관해 "역사에서 가장 오래된 점제비(黏蟬碑)는 군의 서쪽 약 20리 되는 해운면(海雲面) 용정리(龍井里) 신작로 옆에 있는데, 몇 년 전 일본 세키노 박사의 조사에 의하여 후한(後漢) 시대 즉 지금부터 약 1천 7백 년 전 유물로 판정된 것이니 조선 최고의 비다. 1914년에 총독부에서 이곳에 비각(碑閣)을 세워 금일까지 보존한다."[161]라고 평가되고 있다.

한편 대방군에 관해서 세키노는 "대방군은 어느 곳에 있었을까? 지금까지는 많은 학자들이 한강 유역으로 짐작하고 있었다. 나도 그럴 것으로 믿고 있었다. 그런데 1911년 10월 의외로 황해도 봉산군에 있는 사리원역 부근에서 대방군 터로 생각되는 유적지를 발견했다. … 그러나 이보다 앞서 우리 일행이 사리원역에서 동북쪽으로 800m 혹은 900m 되는 철로 선로 부근에서 무덤 1기를 발굴·조사하였다. 그 안에서 '사군대방태수장무이전(使君帶方太守張撫夷塼)'이라는 글을 발견하였으므로 이 무덤이 대방 태수의 것임을 알 수 있다. … 대방 태수의 무덤이 이곳에 있다는 점에 비추어 상상하건대, 틀림없이 당시 대방군의 터일 것"[162]이라고 추측했다. 이 유물로 의하면 대방 태수 이름이 장무이임을 알 수 있다.

그리고 현도군에 관해서 그는 "1922년 5월 그 지방(영흥)을 답사하고, 우연히 영흥 서남쪽으로 약 600m 떨어진 소라리(所羅里)라는 곳의 작은 구릉 위에서 토성을 발견하였다. 성 안에는 낙랑식 평와(平瓦)와 토기 파편이 다소 있었기 때문에 이 토성이 분명 현도군 시대의 것임을 알았다. 또는 동부도위가 있던 불내성(불이성으로도 쓴다)이 유적지가 아닌가도 생각한다. 이외

160 관야정, 심우성 역, 2003, 『조선미술사』, 동문선, 77~78쪽.
161 필자미상, 「평양부의 藩屛인 대동군」, 『개벽』 51, 1924.9, 97쪽.
162 관야정, 심우성 역, 2003, 『조선미술사』, 동문선, 78~79쪽.

에 영홍역 앞에서도 당시의 도기와 기와 파편을 채집했다. 이곳도 현도군 시대의 한 유적지임이 분명하다. 현도군의 유적에 대해 조사를 진행하면 후일 흥미로운 발견을 하게 될지도 모른다."[163]라고 주장했다.

새로운 지역과 유물에 이름을 부여하는 것은 '제국'의 권리였다. 유럽이 아메리카대륙을 '신대륙'이라고 하며, 그 주민을 인도에 거주하는 사람이라고 해서 인디언이라고 부른 것이 그 사례가 된다.

세키노는 새로 발굴한 유적에 명칭을 붙였다. 그러면서 그는 "1916년에 우리들은 대동강면 정백리에서 10기의 고분을 발굴 · 조사하면서 동쪽에서 서쪽으로 1호, 2호라는 임시 이름을 붙였는데, 1호, 2호, 3호, 4호 고분은 모두 이 방대형 모양의 흔적을 나타내고 있다. … 낙랑군 시대의 고분에 방대형이 있다는 점에서 한(漢)민족 고유의 형식이라는 것을 추호도 의심할 수 없다."[164]라고 주장했다. 이렇듯 한반도의 서북부 지역이 한사군의 근거지임을 강조한 것이다. 한사군을 한반도 안으로 비정한 것에 관해 추후 한국인 민족주의 사학자들은 다양한 반론을 제기했다.

세키노를 중심으로 한 일본인 연구자들의 이러한 주장에 김용준은 "일본인 고고학자들의 고고학적 발굴로써 대동강 하류 토성리 부근의 무수한 고분과 성지(城址)에서 수많은 부장품과 문자전(文字塼) · 봉니 등을 발견하고, 이어 황해도 · 강원도 · 함경도 지방을 조사한 결과 낙랑군의 치지는 '토성리 토성' 내이며 낙랑군과 대방군의 범위는 경기도 · 황해도 · 평안남북도 지역이며, 임둔군은 강원도 · 함경남도의 일부 지방이고, 현도군은 함경남

163 관야정, 심우성 역, 2003, 『조선미술사』, 동문선, 80쪽.
164 관야정, 심우성 역, 2003, 『조선미술사』, 동문선, 80~81쪽.

북도 지역이라고 대체로 추정하고 있다."[165]라고 요약했다.

세키노는 낙랑 시대의 대표적인 유물인 칠기에 관해 "칠기의 발달은 더욱 경탄할 만한 것이다. … 기교의 정교함에 경탄을 금할 수 없다. … 그 형태나 세공 그리고 무늬의 정교함과 화려함에 놀라게 되고, 오늘날의 진보를 통해서도 아직 미치지 못한 부분이 있다."[166]라고 높게 평가했다.

낙랑군 시대에 대해서는 중국적인 요소만을 강조했다. 세키노는 "낙랑군 시대에는 주로 중국에서 도래한 한(漢)민족의 문화를 나타냈으며, 이 민족이 남긴 예술품 중 조선 고유의 것은 없다."[167]라고 주장했다. 아울러 1923년 6월경 공주 심상고등소학교 부지의 동북쪽에서 진(塼)이 발견되었는데, 세키노는 그 입수 경위를 자세히 조사·보고하면서 낙랑시대의 벽돌과 유사하다[168]라고 보았다.

또한 "조선의 역사가 여명을 보게 된 때는, 한무제가 기원전 108년에 조선(고조선)을 정복하고 낙랑, 임둔, 현도, 진번의 4군을 설치하였을 때부터이다."[169]라고 주장했다. 나아가 "낙랑·대방 지방으로 이주해 온 한민족은 자신들의 문화로 한반도의 한 곳에서 소중국(小中國)을 이루었던 것이다. 그러나 멸망한 지 1600여 년이나 경과하였으므로 당시의 유적·유물들이 조금씩 발견되고 있어서 당시 문화의 성질을 유추할 수 있게 되었다. 이것들은 주로 군현 소재지와 고분 등에서 발견되는 각종 공예품이다."[170] 등으로 이

165 김용준, 1958, 『고구려 고분벽화연구』, 과학원출판사, 김용준, 2001, 『근원 김용준 전집』 4, 열화당, 26쪽.
166 관야정, 심우성 역, 2003, 『조선미술사』, 동문선, 86~87쪽.
167 관야정, 심우성 역, 2003, 『조선미술사』, 동문선, 70쪽.
168 이병호, 2011, 「日帝强占期 百濟 故地에 대한 古蹟調査事業」, 『한국고대사연구』 61, 한국고대사학회, 130쪽.
169 관야정, 심우성 역, 2003, 『조선미술사』, 동문선, 75쪽.

해했다. 낙랑을 '작은 중국'으로 본 것이다.

이러한 세키노의 활동에 관해 "낙랑의 고분은 중국에 없었던 것을 보여주고, 고구려 고분벽화는 육조시대 형식을 전하는 동양 최고(最古)의 회화로 가치가 있으며, 고신라 · 가야의 고분출토품은 일본 유물의 연구에 귀중한 자료를 제공한다고 지적했다."[171]라고 평가된다.

한편 『조선고적조사특별보고』 4책 낙랑군 시대의 유적에서 세키노는 1916년 조사된 석암리 9호분에서도 다수의 칠기와 함께 기년명 칠기가 출토되었지만 발굴자인 세키노는 칠기에 명문이 존재한다는 사실을 파악하지 못하다가 1925년에 같은 고분에서 출토된 기념명 칠기의 명문을 소개한 글을 발표했고, 1927년 보고서인 「낙랑 시대의 유적(樂浪時代の遺蹟)」(『고적조사특별보고』 제4책)이 출간되었다.[172]

고유섭의 1934~1944년 사이의 글을 모은 『조선 금석문 초고』에서는 낙랑에서 명도전 발견은 낙랑 자체에서 주전(鑄錢)한 것으로 보이는 세키노의 설을 인용했고, 낙랑군 지역과 관련해서 "1920년 9월 발견된 효문묘동종에 대해서는 이나바의 고증과 세키노 타다시 박사의 「낙랑군 시대의 유적」 중에 고증이 있으므로 이곳에 말하지 않는다."라고 서술했다. 그리고 중국 진나라 시대의 유물인 창 종류인 진과(秦戈)의 명문에 관해 "세키노 타다시의 『낙랑군 시대의 유적』 본문에 고증 … 귀중한 것"[173]이라고 소개했다.

---

170 관야정, 심우성 역, 2003, 『조선미술사』, 동문선, 76쪽.

171 강희정, 2010, 「일제강점기 한국미술사의 구축과 석굴암의 '再맥락화'」, 『선사와 고대』 33, 한국고대학회, 77쪽.

172 오영찬, 2013, 「'낙랑칠기' 연구와 식민지주의」, 『백제문화』 49, 공주대학교 백제문화연구소, 98쪽.

173 고유섭, 『조선 금석문 초고』; 「고유섭전집』 10, 48~49, 68~69쪽.

결론적으로 낙랑군 시대의 예술에 관해 세키노는 중국의 그것과 일치한다고 보았다. 그는 "낙랑군 시대의 예술이 얼마나 고도로 발달하였는가를 추측할 수 있다. 그리고 이들 예술은 완전히 중국의 것과 동일한 것이다. 생각건대 한민족이 이주하기 전에 조선 민족은 다소 고유한 예술을 지니고 있었을 것"이라고 보았다.

그러면 중국의 영향 이전의 조선 예술품에 관해서는 어떻게 보았을까? 그는 "전통적 모두 지극히 간단하고 유치한 것이었으므로, 새로 수입된 우수한 예술에 압도되어 소멸되었을 것"이라고 주장했다. 그러한 논리의 연장선상에 낙랑문화 관련 유물에 관해 "오늘날까지 발견된 유물은 진적으로 한과 진(晉)나라의 형식이며, 토착민들의 수법으로 생각할 만한 것은 하나도 섞여 있지 않다. 이 유물은 아마 이주해 온 한(漢)민족이 만들었을 것이다."라고 규정했다.

한국 문화와 예술의 기원과 관련해서 세키노는 조선적 요소를 부정했다. 그리고 그 근거를 낙랑문화에서 찾았다. 거듭 그는 낙랑문화 속에 '토착 문화'가 존재하지만, "토착 민족에게 속하는 것이라도 그들의 고유한 예술은 일찍 소멸해 버리고 새로 들어온 중국 문화에 동화되었을 것이다. 우리들이 조사한 고분은 불과 10여 기에 지나지 않는다. 그러나 비교적 풍부한 유물을 발견하여 낙랑군 시대의 문화 성질의 한 면모를 알게 되었고, 오늘날 중국 방면에서 연구할 수 없었던 한·진 시대 예술의 한 방면을 명확히 할 수 있있던 것은 가장 흥미 있는 일이라 할 수 있다."[174]라고 주장했다.

민족성에 대한 재인식은 민족사를 새롭게 구성할 수 있는 계기를 제공했

174 관야정, 심우성 역, 2003, 『조선미술사』, 동문선, 95쪽.

다. 1920년대 민족주의 사학자였던 최남선은 조선사의 서술은 '민족발달사'[175]이어야 한다고 주장했다. 일반적으로 '발달'이라고 할 때 앞, 뒤 시대의 변화상에 주목해야 하며, 역사적 경험 가운데 부정적인 요소에서도 교훈적 요소를 강조해야 한다.

최남선은 "조선 역사상에는 일치할 때에 일치하여 당연한 복보(福報)를 받은 좋은 예증도 많거니와 일치해야 할 때에 일치하지를 못하여 무서운 재화(災禍)를 부른 궂은 예증도 적지 아니합니다. 잘한 것 못한 것이 마찬가지로 교훈입니다. 단 것보다 쓴 것이 흔히 더 좋은 약이 됩니다. 선례보다 악례(惡例)를 더 많이 가진 조선 역사는 그 대신 교훈성이 그만치 우월한 것입니다"[176]라고 보았다.

1922년에 『동명』은 출간하면서부터 조선 민족의 '일치'를 강조했다. 이러한 물음을 화두로 작성한 글이 「조선민시론」이며, 이글에서는 한사군의 사례가 적극적으로 해석 활용되었다. 민족사를 서술할 때, 고대사의 영역에서 서술하기 어려운 과제 가운데 하나가 중국 한나라가 설치했다고 하는 한사군에 대한 해석과 평가일 것이다.

민족사가 새롭게 구성되기 위해서는 이러한 논리에 대한 대응이 필요했다. 최남선은 세키노와 달리 한사군의 사례를 "이때 이네들의 민족적 협조는 그다지 착실하지 못하였지마는 다만 대동일치 때문에 문화와 재력으로 훨씬 우월한 한인(漢人)의 교군(僑郡)을 불과 수십 년 동안에 거의 전멸케 하는 대공적"[177]을 이뤘다고 적극적으로 평가함으로써, 한사군을 몰아낸 것을

175 「조선민시론」 7, 『동명』 제9호, 1922.10.29, 3쪽.
176 「조선민시론」 6, 『동명』 제8호, 1922.10.22, 3쪽.
177 「조선민시론」 3, 『동명』 제3호, 1922.9.17, 3쪽.

민족공동체의 '단합'의 역사적 사례로 제시했다.

최남선도 한사군의 설치가 조선 역사에 큰 영향을 주었다고 보았다. 그는 "역사를 보건대 우리가 조선인이란 자각을 가지게 된 시초는 2천여 년 전에 한(漢)이란 이민족이 국토 한복판에 독립한 집단생활을 시작한 때로부터 외다. 이는 진실로 조선 사람이 종족을 이룬 뒤에 처음 당하는 큰 변상(變象)"[178]이라고 보았다. 그러면서 이 때문에 "모처럼 순정하게 발달하여가는 전농적(專農的) 자유 사회와 주신적(主神的) 민족 연립이 침융(侵融), 파괴, 저해(沮害), 조체(阻滯)되는 당면의 큰 사실"이라고 주장했다.

널리 알려진 대로 한국 고대사 대부분의 시기가 중국의 '식민지'임을 강조하는 것은 당대 일제에 의한 식민시 상황을 인정하는 논리로 연결된다. 최남선은 거듭 "본유(本有)한 동족(同族)을 안으로 단결하여 다른 곳에서 온 이민족(異民族)을 밖으로 제압하는 것이 당시 그네에게 최고 유일사(唯一事)임을 발견"[179]했다고 주장했다.

한국 고대사에 대한 부정적 이해와 달리 최남선은 이글에서 당대의 시대적 상황을 '전농적(專農的) 자유 사회와 주신적(主神的) 민족 연립'이 발달하고 있었다고 이해했다. 2천 년 이전의 고대 조선 사회는 이미 농경 사회가 정착되었고, '주신(主神)'이란 종교적 · 집단적 정체성이 수립된 것으로 보았다. 나아가 한사군의 설치를 민족적 자각의 계기로 적극적으로 설명했다. 그리고 대동일치 했기 때문에 문화와 재력에서 우월했던 중국인의 교군(僑郡)을 불과 수십 년 만에 거의 진멸하게 한 공적이 있다고 해석했다.

178 「조선민시론」 3, 『동명』 제3호, 1922.9.17, 3쪽.
179 「조선민시론」 3, 『동명』 제3호, 1922.9.17, 3쪽.

이렇듯 민족의 일치의 사례를 역사에서 확인하는 것이 최남선에게 중요했다. 그는 이러한 역사 해석을 통해 당대 일제의 고대사 인식과 '대결 의식'을 나타냈다. 조선인이 구상한 미술사의 관점에서 "낙랑기라 함은 근화(槿花)의 강역(疆域)이 일부 일시적이나마 외인(外人)의 간섭하에 특수한 그 문화의 감화를 수입한 시대"라고 규정되기도 했다.

박종홍도 낙랑문화에 미친 중국의 영향이 별로 크지 않았다고 보았다. 그는 "비록 그의 영향을 받지 않은 것은 아니나 주된 것은 우리이며 부수적인 것이 그들"[180]이라고 단언했다. 보다 구체적으로 "비록 외면으로는 한인(漢人)의 간섭을 받은 듯하나 민심이 또한 한예(韓穢)에 귀복(歸服)하였던 것임을 추측"[181]할 수 있다고 보았다. 또한 낙랑군이 패배해서 사라진 것에 관해 "실로 반도 민족의 미술사상 그의 발흥 시대를 만들게 한 까닭"[182]으로 규정했다.

세키노가 주도한 『조선고적도보』 1권은 낙랑, 대방군 시대, 고구려 시대로 구성되었다. 이 책의 첫 조사 지역으로 낙랑과 임나를 포함한 것은 "우리 민족의 초기 역사를 중국에 의한 지배의 역사로 묘사하고 있으며, 임나일본부를 통해 고대 일본의 한반도 점령을 보여줌으로써 식민 지배를 합리화하는 역사적 근거를 보여주고 있다."[183]라고 평가된다.

아울러 세키노는 낙랑문화의 첫 발견자란 자부심이 강했다. 그는 1909년

---

180 박종홍, 「조선미술의 사적 고찰」(4), 『개벽』 25, 1922.7, 120쪽.
181 박종홍, 「조선미술의 사적 고찰」(4), 『개벽』 25, 1922.7, 121쪽.
182 박종홍, 「조선미술의 사적 고찰」(4), 『개벽』 25, 1922.7, 122쪽.
183 선일, 「일제시대 학술조사 사진 아카이브에 대한 연구」, 서울대학교 고고미술사학과 석사학위논문, 2003, 31쪽.

10월 평양에 갔을 때 대동강 왼쪽 언덕의 고분군 하나를, 이듬해 9월 2기의 고분을 발굴했다. 그의 조사 작업은 "그 출토 유물 등을 통해 이것이 낙랑군 시대의 고분이라는 것을 처음 알았다. 1911년 9월 용강군에서 어을동고성이라는 것을 조사하고 낙랑군의 유적에 해당하는 것을 확인했다. … 1916년 9~10월에 걸쳐 낙강군치지 부근의 고분군 가운데 10기를 발굴하고 비교적 풍부한 유물을 획득하자 낙랑의 이름이 차츰 세상에 알려졌다."[184]라고 주장했다.

한 연구자의 지적처럼 세키노는 한(漢)민족의 조선반도로의 이주와 그들로 인한 문화의 전파를 증명하는데 특히 관심을 기울였다.[185] 1918년 3월 22일 세키노의 일기에 따르면 그는 중국에서 낙랑의 유물을 수집 "유리창의 골동품에는 비교적 한대의 발굴품이 많았는데, 낙랑(유적)에서 출토된 물건 같은 종류는 대개 다 있었다. 나는 수집에 최선을 다했다."[186]라고 기록했다. 이렇듯 그는 중국 유물 속에서 낙랑문화와 관련된 유물에 보다 관심이 높았던 것이다.

1928년에 미술사가인 홍순혁은 "우리 미술을 논구(論究)하는 이들은 흔히 이같이 말합니다. 곧 조선의 미술은 낙랑군 시대에 있어 한민족(漢民族)의 양식을 수입하였고 그 후 삼국시대로부터 신라통일 시대에 걸쳐 발달의 정점을 보였으며 고려조(高麗朝)에 들어가 다소의 쇠조(衰兆)를 나타내다가 조선 시대에는 일층 쇠퇴와 타락을 거듭하게 되었다 합니다. 대부분의 학

184 권아정, 「낙랑대방 양군의 유적 및 유물」(일문); 이태희, 「조선총독부박물관의 중국 문화재 수집」, 『미술자료』 87, 국립중앙박물관, 2015, 183쪽.

185 金東園, 『「韓國文化財」 形成過程に關する 史的考察』, 東京外國語大學 博士論文, 2017, 101쪽.

186 관야정연구회편, 『관야정일기』, 중앙공론미술출판사, 2009, 295쪽.

자, 공학가, 역사가들이 이같이 관찰함은 무리가 아니라고 생각합니다(朝鮮史講座, 東洋史講座에 수록된 세키노 박사 조선 미술사 참조)."[187]라고 밝혔다.

낙랑군의 소재지와 행정 주체에 관해 다양한 논의가 존재한다. 해방 후 조선 미술사 연구자인 김용준은 "이 방면 고분에서 나왔다는 출토품 중에서 특히 우리가 주의해 둘 것은, 거울, 목마, 칠그릇 등 중국 한대(漢代)의 것 같은 물건이 많다는 것과, 또 기왓장이나 비밀문서를 보낼 때 찍는 봉니라고 하는 것이 낙랑 이십오 현에 관한 것이 많이 있다는 점 등으로 해서 일본인 학자들은 평양이 옛날 한나라의 식민지였던 낙랑군이라고 이르고, 조선 역사가들도 그 설을 옳다고 인정하는 이들이 많이 있다. 그러나 다른 한편의 학자들은 평양 방면이 옛날에 한나라의 식민지란 말은 얼토당토아니한 말이라고 반대하는 편도 있어 양설이 지금 대립되어 있다."[188]라고 밝혔다.

삼국시대 인식

(1) 고구려

최남선은 해방 후 "일본 명치 42년(1909)에는 동경제국대학의 세키노 타다시 교수 이하 일단(一團)이 이곳에 이르러 매우 정밀한 학술적 조사를 행하고 그 결과를 수시 발표하고, 대정 4년(1915)에는 조선총독부로서 『조선고적도보』를 발행하매 그 제1책에 이 지방 고적의 사진과 및 그 해설을 거

187 洪淳赫, 「朝鮮의 美術자랑(特히 우리 國寶에 對하여)」, 『별건곤』 제12·13호, 1928.5, 118~119쪽.
188 김용준, 1949, 『조선미술대요』, 을유문화사; 김용준, 2001, 『근원 김용준 전집』 2, 열화당, 30~31쪽.

두어 넣으니, 이것은 실로 통구의 고적에 대하여 처음 보는 계통적 고찰"[189] 이라고 평가했다.

통구를 중심으로 한 고구려의 역사는 다음과 같다. 계루부 왕실을 대표하는 주몽에 의해 고구려가 성립된 시기는 『삼국사기』에 기원전 37년이라고 전하는데 대체로 기원 전후 무렵이었다. 그리고 2세기 무렵 산상왕이 즉위 한 후 그동안의 수도인 환인을 떠나 집안의 환도성으로 천도했다. 수도의 선택은 국가를 재정비하고 방어에 상대적으로 유리한 곳으로의 옮김이 주된 이유였다. 집안에는 국내성과 환도산성(사성자산성) 등이 위치한다.

최남선은 1939년에 발표한 글에서 세키노의 학설에 관해 "통구의 고성(古城)이 고구려 상대의 국도인 국내성일 것을 명쾌히 논단하고, 또 다수한 고적의 학술적 측량 · 조사를 행하여 그 귀중한 유물과 벽화를 세간에 발표하고, 그 중의 장군총이라 하는 거분(巨墳)이 대개 광개토대왕의 능일 것을 조리 있게 논증하기는 진실로 이번 세키노씨 일행의 조사 · 연구에서 나온 결과"[190]라고 평가했다.

해방 이후에도 고구려 초기 역사에 관해서는 많은 논의가 존재했다. 세키노 등의 조사 발표에 관해서도 그러했다. 같은 글에서 최남선은 "국내성뿐 아니라 고구려 고대사에서 위나암성 · 환도성 등에 대한 견해도 있고, 또 학계에는 세키노 씨의 설에 대하여 유력한 반대 의견을 발표한 이도 더러 있어 모든 것이 아직 확정한 것은 아니지마는"라고 밝혔다.

세키노는 고구려에 관해 "고구려 가야 백제 고신라의 예술은 민족 고유

189 최남선, 「통구의 고구려 유적」, 1939; 『육당최남선전집』 9, 현암사, 1974, 537쪽.
190 최남선, 「통구의 고구려 유적」, 1939; 『육당최남선전집』 9, 현암사, 1974, 537쪽.

의 것에 중국 한, 위, 육조 시대의 영향이 가해진 것이다. 또한 지방은 일본 상대의 예술과 커다란 관련이 있다."[191]라고 보았다.

반면 박종홍은 삼국을 고구려, 신라, 백제 순으로 서술하며 고구려는 "북방의 무풍적(武風的) 웅호(雄豪)한 예술을 주출(做出)", 신라는 "남방의 문인적(文人的) 아려(雅麗)한 예술이 만들어" 냈으며, 백제는 "남방의 풍기(風氣)를 집중하야 이를 대성하고 그 숭고와 우아를 겸비한 민인(民人)의 심미(審美)에 대한 경건지성(敬虔之誠)이 열렬하게 발(發)할 때마다 그의 영운(靈韻)은 멀리 해외에까지 파급되었다"[192]라고 해서 삼국 각국 문화의 독자성을 강조했다.

조선총독부는 1915년부터 1935년까지 『조선고적도보』를 총 15권 발간했는데, 고구려에 관한 것은 1915년에 나온 1책과 2책에 해당한다.[193] 세키노는 1916년 고구려 벽화고분으로 3기 평양 대성산 기슭에서 2기, 순천군에서 1기 조사했고, 10월 28일 개마총에서 시작된 조사는 11월 말까지 이어져 호남리 사신총과 천왕지신총의 발굴로 마무리되었다.[194]

1914년 11월에 세키노는 『사학잡지』 25-11에 「국내성 및 환도성의 위치(國內城及丸都城の位置)」를 발표하고. 도리이와 시라토리와는 달리 "산성자가 환도성일 수 없다"고 주장했다. 그는 국내성의 위치는 시라토리와 같이 집안으로 비정하였지만 환도성을 국내성과 같은 공간으로 보지 않고 집안 쪽의 유수림자(楡樹林子)로 비정했다.[195]

---

191 관야정, 심우성 역, 2003, 『조선미술사』, 동문선, 70쪽.

192 박종홍, 「조선미술의 사적 고찰」(5), 『개벽』 25, 1922.8, 13쪽.

193 양시은, 「일제강점기 고구려 발해 유적조사와 그 의미」, 『고구려발해연구』, 고구려발해학회, 2010, 159쪽.

194 이종수, 2006, 「일제강점기 關野貞의 고구려 고분벽화 조사에 대한 고찰」, 명지대학교 석사논문, 38쪽.

세키노의 고구려의 산성 관련 주장은 다음과 같다.[196] 그는 산자성의 유적을 토대로 "이를 고구려시대에 쌓여진 산성으로, 지형상 통구성[집안의 평지성]과 밀접한 관계를 갖는 것"이라고 믿는다고 했다.

그러면서 평양의 고구려성과 연동해서 설명했다. 그는 "지금 평양의 동북 약 4리에 고구려의 왕궁지(안악궁지라고도 한다)라고 말하는 것 주위에 토성을 두른 면적이 5~6정이고, 그 뒤에 대성산으로 불리는 험준한 산 위에 석축의 산성을 세웠는데 규모가 자못 장대하다."라고 보았다.

또한 "평지에 쌓은 토성을 왕궁으로 삼고 그 뒤에 있는 산성은 만일의 때에 지키기 위해 세웠던 것이다. 지금 통구성과 산성자의 관계를 보니 『주서』의 기사 및 안학궁과 대성산성의 관계에 일치하니, 아마 그 제도는 여기서 본받은 것으로 평지에 쌓은 통구성은 곧 옛날 왕궁, 관아 등이 있던 곳, 즉 국내성의 중추이고 또 산성자의 산성은 평소에는 무기, 양식을 저장하다가 적이 오면 지킬 수 있는 곳"이라고 설명했다. 그러면서 "통구성과 산성자는 필경 한 구역으로, 결코 분리해 볼 수 있는 것이 아니고 전체로서는 넓게 그것을 국내성으로도 부를 수" 있다고 밝혔다.

세키노는 고구려의 연원과 수도에 관해 구체적으로 다음과 같이 서술했다.[197] 그는 고구려 사람들은 "부여족의 분파"라고 규정했다. 그리고 고구려의 옛 수도에 관해서는 구체적으로 국내성과 환도성의 위치에 대해 "옛날부터 학자들 사이에 여러 설이 분분하지만, 나는 지난해 국내성을 지금의 만

195 권순홍, 2016, 「고구려 '도성제'론의 궤적과 함의」, 『역사와 현실』 102, 한국역사연구회, 195쪽.

196 관야정, 1914, 4~12; 권순홍, 2016, 「고구려 '도성제'론의 궤적과 함의」, 『역사와 현실』 102, 한국역사연구회, 196쪽 재인용.

197 관야정, 심우성 역, 2003, 『조선미술사』, 동문선, 99쪽.

주 봉천성 집안현 소재지로 추정하였다. 또한 환도성을 집안현 소재지 서남쪽으로 4킬로미터쯤 떨어진 유수림자 지방으로 추정하는 의견을 발표"했다고 주장했다.

또한 "환도성 쪽은 학자들 사이에 늘 의론이 분분하여 아직 결정을 보지 못하고 있다. 평양과 장안성의 위치에 관해서는 지금 내 생각으로 고구려가 최초로 이주하여 도읍한 평양의 왕궁은 현재 평양 동북쪽의 대동강 오른쪽 연안인 청암리 토성"이라고 주장했다. 그리고 "그 동북쪽에 있는 대성산성은 만일의 경우를 대비할 목적으로 쌓은 산성이며, 새로 구축한 장안성은 지금의 평양으로 생각된다."라고 해석했다.

세키노의 부여계 일환인 고구려 문화 규정에 대해 대항해서 박종홍은 "그리스적 미술에 배태된 서역의 '간다라' 미술이 준험한 고령(高嶺)을 넘어 … 북부를 두루 지나 웅호(雄豪)한 기운(氣韻)과 경건(勁健)한 풍취를 용(容)한지라. 발산개세(拔山蓋世)의 기백을 지닌 고구려가 배달족의 영이유수(靈異幽邃)한 심미의 정(情)을 전해"[198] 주었다고 적극적으로 평가했다. 고구려의 문화가 세계적 교류 속에서 이루어진 점에 주목한 것이다.

이러한 세키노의 고구려의 도성제에 관한 논의에 관해 권순홍은 "세키노는 고적 조사를 통해 한국 고대 도성의 구조적 특징을 '실증'이라는 이름으로 포착하였고, 그러한 도성 구조에는 인민을 보호하는 기능이 없었다고 '해석'을 입혔던 셈이었다. 결국 한국 고대 도성에는 소수의 지배층만을 위한 왕궁이 있을 뿐, 다수의 인민을 위한 곽(郭) 혹은 나성이 없었다는 결론"[199]

---

198 박종홍, 「조선미술의 사적 고찰」(5), 『개벽』 25, 1922.8, 16~17쪽.
199 권순홍, 2016, 「고구려 '도성제'론의 궤적과 함의」, 『역사와 현실』 102, 한국역사연구회, 203쪽.

이라고 평가했다.

한편 일제강점기를 대표하는 조선인 미술사학자 고유섭은 일본인 학자들의 미술사에서 강조된 한나라 문화와 연동된 낙랑문화에 대해 관심을 갖지 않았다. 고유섭은 조선 미술사의 본격적인 서술은 삼국시대로부터 시작된다고 보았다. 그는 삼국시대를 '조선 미술의 발화 시대'[200]라고 규정했다.

> 조선의 미술 공예에는 지금으로부터 천육백 년 전후의 옛날 고구려·백제·신라 삼국 정립 시대부터 시작된다. 때는 민족흥륭기이며 문화 발생기여서 모든 미술 공예는 신흥의 의기에 불타고 있어 건설적 구축적인 특색을 갖는다.[201]

고유섭은 조선 미술사의 시작을 삼국시대로 보았다면, 삼국의 미술에 대해 어떻게 생각했을까? 그는 3국 사이의 미술을 구분하는 것은 앞선 미술사가에게도 보이는 점이지만, 고유섭은 3국의 장점 부분에 보다 주목했다고 판단된다.

고유섭은 고구려와 백제의 미술에 관해 "고구려는 참나무의 감성이요 백제는 버드나무의 감성이다. 윤택과 명석과 지혜가 백제 와당의 감성이요, 율한(慄悍)과 핍박과 기굴이 고구려 와당의 감성이다. 의지력의 굳셈이 고구려 와당에서 볼 수 있는 고구려의 성격이요, 이지(理智)의 명석됨이 백제 와당에서 볼 수 있는 백제의 성격"[202]이라고 보았다.

---

200 고유섭 (미발표원고), 「조선미술약사」, 『고유섭전집』 1, 32쪽.

201 고유섭, 「조선 고대의 미술공예」, 『모던조선』 조선판 11-9, 1940.8; 『고유섭전집』 1, 177쪽.

202 고유섭, 「삼국미술의 특징」, 『조선일보』, 1939.8.31.~9.3.; 『고유섭전집』 1, 282쪽.

신라에 관해서는 조금 달랐다. 그는 신라에 관해 "외래문화를 충분히 소화함으로부터 신라의 이 장자적 둔후풍은 이지적 명랑성과 함께 현저히 그 특색이 나타나게 된다. 백제의 예술적 성격은 귀공자연한 것이었고, 신라의 그것은 장자연한 것이었고, 고구려의 그것은 패자연한 것이었던 듯하다"[203] 라고 보았다. 아래에서는 백제와 신라에 관한 세키노의 인식을 살펴보고자 한다.

(2) 백제와 신라 인식

백제에 관해서 세키노의 서술은 고구려와 신라에 비해 상대적으로 소략했다. 그는 "백제는 건국 초 북쪽으로는 대방과 접하여 그들로부터 한(漢)민족의 문화를 받아들였다. 또한 중국 남방과도 왕래를 하였기 때문에 신라·임나에 비하여 빠르게 제도·문물의 발전을 보았다."[204]라고 해서 중국의 영향을 강조했다.

반면 박종홍은 "일본의 문화는 백제에 의하여 새로 태어난 서광에 받게 되도다."[205]라고 해서 백제와 일본과의 관계에 보다 주목했다. 세키노도 일본과의 관계를 강조했다.

세키노는 "역대 도성 궁궐의 사치와 화려함에 힘을 기울인 것 … 중국에서 남북조, 특히 양나라 양식의 문화를 받아들여 건축과 그 외의 예술이 크게 발전을 이루었다. 당시의 건조물은 대개 흔적도 찾아볼 수 없으나, 다행

203 고유섭, 「삼국미술의 특징」, 『조선일보』, 1939.8.31.~9.3.; 『고유섭전집』 1, 282쪽.
204 관야정, 심우성 역, 2003, 『조선미술사』, 동문선, 127쪽.
205 박종홍, 「조선미술의 사적 고찰」(8), 『개벽』 29, 1922.11, 2쪽.

이 일본에서 호류사(法隆寺), 호키사(法起寺), 호린사(法輪寺) 등의 건물과 탑(塔)을 갖춘 가람이 오늘날까지 잘 보존되어, 다른 예술품들과 함께 그 본원인 백제 예술의 놀라운 발전을 말해주고 있다."[206]라고 언급했다. 그리고 그는 일본의 사찰과 관련해서 "현존한 세계 최고의 목조 건축물로 유명하는 것이 백제 미술가의 유물인 일본의 고찰(古刹)"[207]이라고 해서 백제가 미친 영향을 강조했다.

세키노는 백제 유물과 관련해서 대당평백제탑(정림사지 5층 석탑)에 관해 "백제 시대의 건조물 가운데 남아 있는 것은 유일하게 대당평백제탑뿐이다. … 제2층 이상의 탑신의 높이가 급격히 체감되어 아주 낮아졌고 각층의 지붕받침 역시 기발하며 웅건한 기상을 발휘하고 있다"[208]라고 평가했다.

그리고 백제 시대의 후기에 관해 세키노는 "백제 시대 후기는 불교의 융성과 더불어 남북조 양식의 불상 조각이 크게 발달하였으며, 백제계에 속하는 일본의 아스카 시대 불상의 양식과 수법도 뛰어나다는 것을 알 수 있다."[209]라고 강조했다.

백제 기와와 관련해서 세키노는 "(부여읍에서) 우리들은 이곳에서 옛날 백제나 양나라 그리고 일본의 예술 관계가 밀접하였음을 알 수 있었다. 백제 시대의 궁전과 가람의 지붕에 중국을 모방하여 큰 용마루의 양 끝에 치미를 올린 것은, 일본 호류사의 다마무시노즈시에 금동 치미가 있고, 호린사에 당시 기와나 치미의 잔재가 남아 있는 것을 보더라도 알 수 있다. 현재 부여

206 관야정, 심우성 역, 2003, 『조선미술사』, 동문선, 128쪽.
207 박종홍, 「조선미술의 사적 고찰」(8), 『개벽』 29, 1922.11, 10쪽.
208 관야정, 심우성 역, 2003, 『조선미술사』, 동문선, 132~133쪽.
209 관야정, 심우성 역, 2003, 『조선미술사』, 동문선, 134쪽.

진열관에 부소산성 안에서 발견된 치미의 파편 2개가 소장되어 있지만, 그 양식은 일본의 호류사 다마무시노즈시와 같다. 또한 이것은 호린사에서 출토된 것과도 비슷한데, 이것 역시 일본과의 관계를 알 수 있는 좋은 자료이다"[210] 라고 밝혔다. 즉 그는 중국으로부터의 모방과 일본과의 관련성에 주목했다.

이상에서 살펴보았듯이, 백제문화에 관해 세키노는 "백제 초기의 문화는 낙랑, 대방과 남중국의 영향을 다소 받았지만 남북조시대, 특히 남조의 양식이 불교와 함께 수입되면서 장족의 발전을 이루었다. 그 진상은 문헌 이외에 다소 남아 있는 능묘 · 탑 · 공예품으로 대략 그 면모를 엿볼 수 있다. 그리고 그것이 일본 아스카 시대의 것과 밀접한 관계를 맺고 있었음을 명백히 알 수 있다."[211]라고 한 점이 주목된다.

거듭 중국 문화의 영향이 강조되었다. 그는 "1923년 6월 무렵 심상 고등소학교의 부지 내에서 지형 공사를 할 때 우연히 많은 전(塼)이 발견되었다. 이들 전의 양식은 최근 난징(南京)에서 출토된 양나라의 전과 완전히 일치하므로, 그 수법이 양나라에서 수입된 것이 명백하다."[212]라고 주장했다.

한편 세키노는 통일신라 시대 이전을 '고신라(古新羅)'라고 표현했다. 고신라의 예술품 가운데 하나인 "신라 시대는 일본 미술의 여명기와 황금기라는 아스카 시대, 나라(奈良) 시대와 아시아 미술의 황금기라는 중국 당나라 시대와 밀접한 관련이 있다."[213]라고 보았다. 반면 박종홍은 "신라라 함은

210 관야정, 심우성 역, 2003, 『조선미술사』, 동문선, 139쪽.

211 관야정, 심우성 역, 2003, 『조선미술사』, 동문선, 139~140쪽.

212 관야정, 심우성 역, 2003, 『조선미술사』, 동문선, 137쪽.

213 金東園, 『「韓國文化財」 形成過程に關する 史的考察』, 東京外國語大學 博士論文, 2017, 101쪽.

삼국시대의 신라 즉 고신라(古新羅)를 지칭하는 것이요. 인하여 당문화(唐文化)의 영향을 받은 통일 이후의 신라와는 미술사상 일대 구획이 있는 것"[214] 이라고 해서 신라의 독자성을 강조했다.

박종홍은 신라에 관해 "풍부한 천산(天産)은 재료를 공급함에 풍족하여 미술 발달에 도움이 되니 동양의 황금국으로 토양이 비옥하며 황금이 많이 생산되어 흙과 같아서 서인(西人) 상인이 귀환함을 망각한다고 일찍이 전해진다."[215]라고 강조했다.

그러면서 신라의 특징에 관해 "그 자연의 환경과 국가의 안온(安穩)으로부터 그 순결한 품전(禀傳)의 정서는 일층 예민한 예술적 충동을 작(作)하였고 위대한 불법의 전래는 그 미술품으로 하여금 다방면의 형식을 갖춰서 표현되는 한 동기(動機)를 지니게 하였나니 특히 그 양호한 재료를 구하기 용이"[216]하다고 보았다.

나아가 신라의 미술을 높게 평가했다. 그 이유에 관해 "그 위치가 반도 동남에 있어 대륙과의 교통이 삼국 중 다른 두 나라보다 자못 편리치 못함으로 문화의 발흥도 또한 조금 뒤짐을 면하지 못하였을지나 그 뛰어난 소질은 장족의 진보를 촉진하야 통일 시대 이전에 이미 다른 나라보다 우월한 점이 없지 않음에 이르렀도다.[217]라고 보았다.

구체적으로 금관총의 발견에 관해 세키노는 "1921년 9월에 많은 매장품을 발견하였다. 당국자와 유지들의 협력으로 그 매장품들이 흩어지는 것을

214 박종홍, 「조선미술의 사적 고찰」(11), 『개벽』 33, 1923.3, 1쪽.
215 박종홍, 「조선미술의 사적 고찰」(11), 『개벽』 33, 1923.3, 2~3쪽.
216 박종홍, 「조선미술의 사적 고찰」(11), 『개벽』 33, 1923.3, 1쪽.
217 박종홍, 「조선미술의 사적 고찰」(11), 『개벽』 33, 1923.3, 2~3쪽.

방지할 수 있었다. 순금으로 만든 금관이 출토되었기 때문에 나중에 금관총이라는 이름이 붙어졌다."[218]라고 서술했다. 그리고 경주 금 귀걸이에 관해서는 "귀걸이는 단순히 금혼환 이외에 금루(金縷) 세공을 하여 극히 정교하다. 금루 세공은 한나라 때 그리스에서 수입된 것으로 낙랑·대방의 영향을 받았을 것이다. 이러한 귀걸이는 중국에는 전해지지 않고 오히려 일본의 고분 안에서 거의 같은 종류의 것이 발견되고 있으므로, 당시 조선 남쪽 지방과 일본 문화의 교류가 극히 밀접했음을 쉽게 상상할 수 있다."[219]라고 보았다.

민족(혹은 민중) 독자를 대상으로 한 미술사의 구상의 전제는 미술사 서술의 기반이 되는 민족사 서술의 방향을 살펴보는 것에서 출발해야 한다. 세키노는 일본사와 관련된 백제와 신라의 역사에 주목했다. 한국사 안에서 특히 삼국과의 관계 속에서 신라를 살펴보지 않았던 것이다.

반면 최남선은 「조선민시론」에서 삼국시대 신라의 역할을 적극적으로 해석했다. 그는 "고구려는 고구려의 소임 하나를 맡았었고, 신라는 신라의 소임 하나를 맡았었습니다. … 고구려는 북쪽 한편을 뚱구려서 민족 통일의 절반을 요리하는데 자아의 존엄을 중심으로 하여 조선 민족성의 일면을 계부(開敷)시킴이 그의 소임이었습니다. 신라는 남쪽 한편을 반죽하여서 민족 통일의 나머지 일반을 관장하는데 가치의 생산을 주안으로 하여 조선 국기(國基)의 일부를 전고(奠固)시킴이 그의 소임이었습니다."[220]라고 보았다.

당대 민족주의 사학자들은 한국 고대사에서 고구려의 역사를 주목하면

---

218 관야정, 심우성 역, 2003, 『조선미술사』, 동문선, 146쪽.
219 관야정, 심우성 역, 2003, 『조선미술사』, 동문선, 152쪽.
220 「조선민시론」 7, 『동명』 제9호, 1922.10.29, 3쪽.

서, 신라의 삼국 통일에 관해 부정적이었다. 기존의 민족주의 사학이 부여계의 역사를 강조한 반면에[221] 최남선은 신라와 고구려의 역사적 역할에 동등한 가치를 부여한 것이다. 반면 세키노는 미술사의 관점만 주목해서 통일신라 시대에 주목했다.

통일신라 시대 인식

쟁점이 될 수 있는 부분이 통일신라 시대의 미술이다. 신라와 고구려의 강조는 당대 미술품에 대한 평가로 연결되었다. 안확은 "조선 미술은 그 연원이 중국 및 인도에서 수입하여 효방(傚倣)하였다."라는 일본인 학자들의 주장에 반론을 제기했다.

안확은 불교 수입 이전의 미술로 고구려 고분, 삼한 궁실의 유적, 부여왕의 옥관, 신석기 유적 등을 언급했다. 그리고 불국사 대종(성덕대왕신종 - 인용자)에 대해서도 "당식(唐式)도 아니요 인도식도 아니요 순연한 한식(韓式)이며 첨성대, 석등, 동불 등은 동양미술사의 자료로 매우 중요한 표본이라 함은 서양 미술가의 일컫는 바이며"[222]라고 주장했다.

이러한 이해의 연장선에서 민족사의 서술에서 신라의 삼국 통일에 대해 긍정적으로 평가했다. 박종홍도 "대당(大唐) 10여만의 대병을 빌려서 자국의 강병(强兵)과 공수동맹(攻守同盟)에 의하여 간신히 삼국을 통일한 신라"[223]

---

221 민족주의 사학의 역사인식에 관해서는 이만열, 『한국 근현대 역사학의 흐름』, 푸른역사, 2007, 223~339쪽 참조.

222 안확, 「조선의 미술」, 『학지광』 5, 1915.5, 50쪽.

라고 보았다. 그러면서 신라의 통일 과정을 다음과 같이 평가했다.

> 백제와 고구려를 멸한 후 신라와 당나라 사이의 교통이 점차 단절됨을 따라서 우리 반도 고유의 심미적 의장(意匠)에서 독립한 미술 작품이 건축으로, 조각으로 종종 나타났다. … 하늘이 부여한 미술적 천재가 그의 독창적인 신의(神意)가 나타나며 영기(靈技)가 드러남을 수반해서는 신품(神品), 걸작이 계속에서 만들어지니 어찌 세계 예원(藝苑)의 진귀한 보물로서만 오직 찬양받을 뿐이겠는가.[224]

최남선도 비슷한 견해를 피력했다. 그는 "고구려 이상의 일치력을 성취한 것이 신라의 유일한 제승적(制勝的) 세력이었습니다. 통일의 대업을 성취할 무렵 신라는 사회의 유기적 기능을 극한까지 발휘한 좋은 표본이었습니다. 사회력과 민족 생명의 감응적(感應的) 상관 관계를 영묘한 천재로써 조소(彫塑)한다면 아무든지 통일 임시(臨時)의 신라 정형(情形)을 고대로 만들어 놀 것입니다. 이때 신라의 족능(族能) 발휘상은 일개 위대한 사회적 예술품으로 과연 무한한 감흥과 불후의 생명을 가졌습니다."[225]라고 밝혔다.

최남선은 신라의 삼국 통일에 대한 재해석을 바탕으로 통일신라의 '예술품'에 주목했다. 통일신라 시대의 미술사 연구는 중국을 모방하지 않는 신라 고유한 모습의 '순수한 조선적인 것'이 주목되었고, 이와 병행해서 조선 예술의 우월성을 천명할 수 있는 요소가 강조되었다. 고유섭도 신라의 삼국 통일을 긍정적으로 이해했다.

---

223 박종홍, 「조선미술의 사적 고찰」(2), 『개벽』 23, 1922.5, 5쪽.
224 박종홍, 「조선미술의 사적 고찰」(1), 『개벽』 22, 1922.4, 21쪽.
225 「조선민시론」 6, 『동명』 제8호, 1922.10.22, 3쪽.

때는 지금으로부터 천이삼백 년 전, 반도 통일의 위업을 채 이루지 못하시고 동양의 영주(英主) 무열왕이 죽은 후 태자 문무왕이 등극해서 대를 이은 원수인 백제를 완전히 복멸시키고, 강적인 고구려를 멸망시키시고, 다시 반도를 살펴보던 대당제국의 반도 내에서의 근본적 부담을 완전히 제거하사 반도의 평화를 대반석 위에 건설하신 그 임금, 그 임금이 항상 걱정하신 것은 조선의 유일한 바다로부터의 위협이었다.[226]

신라의 삼국 통일을 고유섭은 '반도의 평화'로 보았다. 아울러 신라통일 시대의 예술에 대해 "삼국 통일로 말미암아 당대(唐代) 문화를 급거히 크게 깨우치기에 이르렀다."[227] 혹은 "신라는 삼국 통일 이래 성당(盛唐)의 문물을 받아 조선 문화의 황금시대를 이루던 때"[228]라고 보았다.

삼국시대의 조상은 전혀 외국의 모방이므로 거론할 특징이 없고, 신라통일로 말미암아 비로소 조선적 특질이 발휘되었다 할 것이다. … 신라통일 시대의 정치 · 경제 · 종교 · 사상 등 제반 사회적 욕구가 능히 포화 상태를 지녔음으로 말미암아 능히 예술화하여 한 개의 특징을 이루었다.[229]

세키노는 예술사적 관점에서 통일신라 시대에 주목했다. 그는 "통일신라 시대에는 중국 문화의 황금시대라 할 수 있는 당나라 예술을 수입하여 매우 우수한 것을 만들어 냈다. 실제로 통일신라 시대는 조선 미술의 융성기이다."[230]라고 높게 평가했다. 그렇지만 말기의 것은 다소 고유의 특색을 나타

---

226 고유섭, 「나는 잊히지 못하는 바다」, 『고려시보』, 1939.8.1; 『고유섭전집』 9, 232쪽.
227 고유섭, (미발표 원고), 『조선건축미술사 초고』; 「고유섭전집」 6, 62쪽.
228 고유섭, (미발표 원고), 『조선건축미술사 초고』; 「고유섭전집」 6, 83쪽.
229 고유섭 (미발표원고), 「조선미술약사」, 『고유섭전집』 1, 48쪽.

내 섬약한 병폐를 빠지기도 하였다."[231]라고 해서 부정적인 평가를 함께 했다.

이렇듯 세키노와 같은 연구자는 이 시기를 조선 미술사의 '황금시대'로 규정한다는 점에 주목된다. 왜냐하면 통일신라 시대의 미술품에 대한 높은 평가일 수도 있지만 이후 고려와 조선 시대 미술품에 대한 부정적 평가가 미리 전제된 것이라고 할 수 있기 때문이다.

고려 시대 인식

통일신라를 황금시대로 본 일본인 학자들의 입장에서 보면, 조선 미술품의 예술적 가치도 떨어지지만, 고려와 조선 왕조의 역사도 '부정적'으로 쇠퇴했다고 이해하곤 한다. 김동원은 세키노의 관심이 많지 않던 고려 시대와 조선 시대에 대해서 "미술의 측면으로 신라와 낙랑에 대비해서 크게 열등한 이미지를 만든 것"[232]으로 파악했다. 반면 고유섭은 고려의 후삼국 통일에 대해서 상당히 적극적인 의의를 부여했다.

> 신라로 말미암아 비로소 조선반도에 통일국가가 성립되었던 이후로부터 바야흐로 북쪽 지역에 대한 방비 관념이 있었을 법하나, 통일 말대까지 만주에 발해가 있어 침략한 도둑 떼가 없었고, 북쪽 지역의 국경 될 곳이 불모한 채로

230 관야정, 심우성 역, 2003, 『조선미술사』, 동문선, 70~71쪽.
231 관야정, 심우성 역, 2003, 『조선미술사』, 동문선, 182쪽.
232 金東園, 『「韓國文化財」 形成過程に關する 史的考察』, 東京外國語大學 博士論文, 2017, 101쪽.

중립지대가 되어 피아에 하등 경영이 없었던 까닭에 무사히 내려왔으나, 고려로 들면서 반도는 비로소 국가적으로 민족적으로 단일 의식이 생겼을뿐더러 북쪽 지역에 대한 관심이 벌어지기 시작하고"[233]

앞서 언급했듯이 통일신라 시대를 '황금시대'로 규정했을 때, 당대 예술품에 대한 적극적인 평가가 수반되었다. 고려와 조선의 예술품은 통일신라 시대의 것과 대비되었다. 그렇다고 할 때 일본인 학자 세키노가 부정적으로 본 고려 시대, 조선 시대 예술품의 평가와 달리 고유섭은 한편으로 시대와 미술품에 대한 이해에 동조하면서도 각 시대의 독자적 특성을 강조한 점이 주목된다.

고유섭은 "조선소에 들어가서는 무엇이라 말하여야 좋을지는 아직 전체적으로 파악은 못 하였으나, 삼국시대로부터 고려 시대에 이르기까지는 예술품에 흐르는 정서와 공예적 기술은 그 절정에 달하였다고 볼 것입니다. … 삼국시대의 예술이 그 기개에 있어서 안으로부터 밖에 뻗치는 힘이 가득 차 있고, 또 어디까지나 소박한 가운데서도 날카로운 정력적인 것도 찾을 수 있어, 말하자면 그 규모나 기개가 넓고 큰 것을 생각하게 하나, 고려 시대에 들어와서는 어디까지나 잠잠하고 온화한 품이 어디까지나 정원적이요, 또 온돌적이라고 말하겠습니다."라고 해서 삼국시대와 고려 시대의 문화를 대비해서 설명했다.

홍순혁의 경우에도 비슷하게 "학자들은 고려조의 미술은 이미 쇠조(衰兆)를 보였다 하나 그러나 고려는 도자기만으로도 불후의 예술품을 남기었

233 고유섭, 「고구려 고도 국내성 유관기」, 『조광』 4-9, 1938.9; 『고유섭전집』 9, 200쪽.

으며 또한 당대의 문화는 의외에도 학예 방면에 집중되어 정확함과 거창한 사업으로 세계적인 대장경의 간행이 있었음을 잘 아는 바입니다."[234]라고 밝혔다.

참고로 세키노는 고려 말에 설립된 원각사지 석탑에 관해 "전체의 균형미가 극에 달하며, 형태가 풍부하고 수법이 정밀하고 치밀하다. … 이것을 같은 시대의 거인 명나라의 기교와 비교하여도 손색이 없으며, 오히려 그것을 능가하고 있다. 비슷한 면에 있어도 수법의 우월함을 보여주고 있어서 당시 예술계의 진보가 결코 부끄럽지 않은 것이었다고 생각할 수 있다."[235]라고 높게 평가했다. 하지만 이 석탑에 관해서도 중국의 영향을 받았음을 강조했다. 세키노는 『조선건축조사보고』에서 "원각사지 10층 석탑 역시 경천사지 10층 석탑과 함께 중국에서 고려로 전래된 것"[236]으로 보았다.

조선 시대 인식

'국망'의 원인이 조선 사회에서 찾을 경우 고려 시대에 대한 평가보다 조선 시대에 대한 평가가 더 가혹했다. 박재홍은 "고려 말기로부터 조선 시대 이래 점차 향상은 고사하고 퇴폐를 극(極)하야 지금은 그 영활(靈活)하다던 신재(神才)까지도 몰각함에 이르"[237]렀다고 보았다. 그 원인을 유교에서 찾

234 洪淳赫, 「朝鮮의 美術자랑(特히 우리 國寶에 對하여)」, 『별건곤』 제12 · 13호, 1928.5, 118~119쪽.
235 관야정, 심우성 역, 2003, 『조선미술사』, 동문선, 304쪽.
236 이상현, 「이중어사전과 개념사 그리고 한국어문학」, 『반교어문연구』 42, 86쪽.
237 박종홍, 「조선미술의 사적 고찰」(1), 『개벽』 22, 1922.4, 13쪽.

았다. 유교적 '말폐(末弊)'로 남북노소의 당론이나 과거제가 제시되었다.[238] 그리고 미술사적 관점에서 유교가 융성하야 불교를 압도하니 찬란하였던 불교적 미술이 점차 쇠퇴했다고[239] 보았다. 고려 말 이후의 조선 미술의 '퇴폐'와 '타락'을 지적한 것이다.

고유섭도 조선 시대 정치와 유교에 대해 비판적이었다. 그는 "유교로 말미암아 유지된 미술이란 한갓 윤리적 감계성의 것이 있을 뿐이다. … 조선의 유교 문화 시대로 하여금 비미술적인 것으로 퇴화시킨 중요한 원인이었다 하겠다."[240]라고 밝혔다. 그의 논의는 다음과 같이 구체화되었다.

> 조선기에 있어서의 일원적인 것이었다. 따라서 그곳에 있는 것은 윤리적인, 너무나 윤리적인 도의성뿐이며 그것이 요구하는 것은 자칫하면 형식성뿐이고 이곳에 견고화된 선조(線彫)와 관념적 일률적인 관찰방법과 윤기 없는 단색과 매너리스틱한 형식성이 문자계급의 예술의 뜻과 생각을 구성하게 된 것이다. … 그러나 외부적 기반 속에서 자유롭게 야성적일 수 있었던 민중들에게는 거칢과 무관심한 자포적인 곳과 쓸쓸한 심정과 영탄적인 애조와 이 같은 여러 가지의 복잡한 심경이 예술의 뜻과 생각으로 작용하고 있었다.[241]

유교의 영향이 미술품에도 미쳤다고 보았다. 고유섭은 "조선조로서는 일반이 종교를 없애고 그 위에 잘못된 유교의 도덕관으로 하여금 지식인의 유예(游藝)를 완물상지(玩物喪志)라 하여 경계하고 회사(繪事)에 전공함을 천히

---

238 박종홍, 「조선미술의 사적 고찰」(2), 『개벽』 23, 1922.5, 10쪽.

239 박종홍, 「조선미술의 사적 고찰」(2), 『개벽』 23, 1922.5, 8~9쪽.

240 고유섭, 「조선미술과 불교」, 『조광』 63, 조선일보사, 1941.1; 『고유섭전집』 1, 229~231쪽.

241 고유섭, 「조선 고대의 미술공예」, 『모던조선』 조선판 11-9, 1940.8; 『고유섭전집』 1, 180쪽.

여겼기 때문에, 회화뿐만 아니라 일반미술은 타락해 갔다. 따라서 문인화라는 것의 존재는 인정되었지만 여기(餘技)로서의 그 이상의 한계를 넘지 못하고 예술로서의 가치있는 작품은 다시 보이지 않게 되고 말았다."[242]라고 해서 조선 시대 예술을 부정적으로 보았다.

세키노는 조선 시대를 '미술의 쇠퇴기'로 규정했다. 그리고 조선 시대 전체를 "고려 시대의 양식을 계승하였으며, 다소 명나라의 영향도 받았다. 초기에는 상당히 볼만한 것도 만들어졌지만, 후기에 들어 국가의 기운이 쇠퇴함에 따라 서서히 쇠락하게 되었다. 그러나 고유의 특질을 발휘한 것도 많이 있다."[243]라고 파악했다.

안드레 에카르트도 비슷하게 조선 시대에 관해 "외부 세계가 변화하고 있어도 조선은 고립적으로 존재했다. 매년 북경으로 음력 달력을 받으러 가야만 했고, 수세기 동안 일정 액수의 공물을 지불해야만 했지만, 거래를 잘했거나 못했거나 영토 내에서만 그것이 행해졌다. 당연한 결과로서 외부 세계와 고립되고, 가렴주구의 관리, 약체화한 정부였기 때문에 국가 자체뿐만 아니라 사상이나 특히 예술 일반의 빈곤을 가져오게 되었다. 따라서 이 수세기 동안에 조선 사람들은 이전의 고고한 문화적 지위에서 낙후되고 말았다."[244]라고 보았다.

세키노는 조선 시대 500년 안에서도 시기를 구분했다. 구체적으로 태조~성종 시대에는 "조선 시대 문화가 최고조"에 이르렀다고 규정했다. 그런

---

242 고유섭, 「조선의 조각」, 「조선의 회화」, 『영문대일본백과사전』, 일본학술진흥회, 1940. 『고유섭전집』 2, 196쪽.

243 관야정, 심우성 역, 2003, 『조선미술사』, 동문선, 71쪽.

244 안드레 에카르트, 권영필 옮김, 『에카르트의 조선미술사』, 2003, 열화당, 19~20쪽.

데 연산군 이후부터는 "기강과 법강이 느슨해지고 문화는 서서히 퇴폐의 조짐을 보이기 시작했다."[245]라고 보았다. 조선 전기의 대표적인 유물로 세키노는 경복궁 근정전을 언급했는데, 이에 대해 그는 "우리들이 가장 경탄해 마지않았던 것은 그 모습과 장식이 조화를 잘 이루고 있다는 점이었다. 그러나 그 세부적인 사항을 보면 기교가 너무 지나치고 수법이 심약하여 근세 건축의 병폐를 나타내고 있다."[246]라고 설명했다. 예술적 가치를 높게 평가하면서도 '심약'과 '병폐'를 강조한 것이다.

조선 시대를 나눈 임진왜란과 병자호란 이후의 조선 상황에 대해 "국력의 약화와 정쟁의 혼란은 선비들이 취미를 살리고 풍취를 자랑할 만한 여유를 앗아갔다."라고 보았다. 그리고 조선 사회에 대해 "특히 전문가를 보호할 만한 관인(官人)이나 부호가 없어 마침내 회화는 유류(儒流)의 취미로 그칠 수밖에 없었다. 쇠퇴한 국력과 부진이 낳은 당연한 결과라 하지 않을 수 없다."[247]라고 해서 부정적으로 보았다.

임진왜란 이후의 시기에 관해 세키노는 "당쟁으로 인해 정권 쟁탈에만 힘쓸 뿐 국가의 힘을 회복하려는 자가 드물어 기강이 문란해지자 국가의 세력은 마침내 땅에 떨어지게 이르렀다."라고 해석했다. 그리고 조선 시대를 크게 전기와 후기로 나누었다.

세키노는 조선 전기에 관해서는 "고려 시대를 계승하고 한편으로는 명나라의 영향을 받으면서 또 한편으로는 국가의 왕성한 기운을 타고 고유한 발전을 이룩하였다."라고 이해했다. 그리고 조선 후기에 관해서는 "국력의 쇠

245 관야정, 심우성 역, 2003, 『조선미술사』, 동문선, 278쪽.
246 관야정, 심우성 역, 2003, 『조선미술사』, 동문선, 287쪽.
247 관야정, 심우성 역, 2003, 『조선미술사』, 동문선, 316쪽.

약으로 유형적인 문물의 회복에 그쳤고, 예술의 경우 매우 침체하였지만 서서히 경제력의 회복과 더불어 쇠잔해 가는 운명을 만회하였다. 양으로는 청나라를 받들면서 음으로는 오랑캐라 하여 그들을 비천하게 여기는 경향이 있어서 그들이 미친 문화 영향은 비교적 작았으며, 조선 고유의 수법을 발휘하기에 이르렀다. 신라 이후 중국 문화의 영향을 가장 적게 받은 시대"[248]라고 보았다.

그러면서도 보다 구체적으로 조선 시대 후기에 관해서는 "조선 시대, 특히 후기의 선비는 정책에 몰두하여 다른 것을 돌아볼 여유가 없었다. 유교는 형식에 구애되고 번거로운 의례에 구속되어 취미가 고갈되고 순수한 정취가 결여되었다. 예술은 중국의 영향을 벗어나 특수한 발달을 하였지만, 경박하고 섬약한 폐단에 빠져 단순히 외면의 수식을 즐기는 풍조로 치달았다."[249]라고 서술했다.

안드레 에카르트는 조선 시대에 대한 부정적 인식에는 세키노와 입장을 공유했지만, 가능성을 인정한 점에서 달랐다. 에카르트는 "그렇다고 하더라도 훌륭한 재능과 미적 감각을 구비한 이 민족이 오늘날 일본과 구미의 영향 아래 다시 상승할 가능성은 있다. 해마다 이 민족의 고유한 특질 중의 많은 것이 사라져 가고 있음을 보지만, 고대 조선 미술의 기념비적인 작품들은 마치 이미 사라져 버린 아름다운 과거의 흔적처럼 우리를 매우 즐겁게 해준다."[250]라고 다른 해석을 제시했다.

---

248 관야정, 심우성 역, 2003, 『조선미술사』, 동문선, 278쪽.
249 관야정, 심우성 역, 2003, 『조선미술사』, 동문선, 279쪽.
250 안드레 에카르트, 권영필 옮김, 『에카르트의 조선미술사』, 2003, 열화당, 19~20쪽.

> 조선 초기의 것도 웅대하고 견실한 특성을 지니고 있다. 이처럼 고래의 예술에 대한 충분한 이해와 수련을 쌓아 우수한 작품을 이루어 낸 민족도 300여 년의 악정(惡政)으로, 오로지 정쟁에만 몰두하고 서로를 배척하며 목적의 이해에만 급박하여, 예술미의 별천지에서 유유자적 노닐던 여유로움은 메마르고 타락하여 그 옛날의 세련된 취향을 잃어버리고 조악하고 치졸한 것으로 화(化)하였다.[251]

조선 시대의 불교와 유교의 관계에 관해 세키노는 "삼국시대 이후 가장 융성했던 불교가 조선에 이르러서는 거의 죽을 정도의 타격을 입어 회복할 길이 없어지기에 이르렀다. 원래 유교가 지향하는 것이 근검하고 소박한 것을 숭상하는 것이므로, 예술의 발달은 불교와 같이 지대한 영향을 주지는 못했다."[252]라고 비교했다. 예술적으로 유교에 비해 불교가 유리하다고 규정하면서도, 조선 시대 불교는 거의 생명력을 잃었다고 파악한 것이다.

구체적으로 조선 시대의 불교는 고려 시대의 불교와 대비되었다. 세키노는 고려 시대 불교가 "고려 시대에는 불교가 외면적으로 융성의 극치에 달하였지만, 정신적으로는 오히려 부패와 타락의 늪에 빠져 있었다."라고 해서 융성과 타락이 공존했다고 본 것이다. 반면 조선 시대 불교 건축물에 관해서는 "누각은 조선 고유의 것으로서, 일본이나 중국에서는 볼 수 없는 것이다. 고루는 범어사에 유일하게 있는 것으로 형태나 수법이 모두 뛰어나지만, 종각은 어느 사찰에 있는 것이건 모두 지나치게 간소하여 거의 볼만한 것이 없다."[253]라고 평가했다.

251 관야정, 심우성 역, 2003, 『조선미술사』, 동문선, 350쪽.
252 관야정, 심우성 역, 2003, 『조선미술사』, 동문선, 278~279쪽.
253 관야정, 심우성 역, 2003, 『조선미술사』, 동문선, 299~300쪽.

세키노는 조선 시대 승탑에 대해 "고려 시대에 융성했던 것에 반해 규모에서나 기교에 있어서 볼만한 것이 없다."[254]라고 규정했다. 낙산사 관세음보살좌상에 관해서는 "낙산사 동조 착채 관세음보살좌상은 세조 때 7층 석탑과 함께 만들어진 듯하다. 이것은 전자에 뒤지지 않는 걸작으로, 면상은 후세에 다시 채색되어 다소 그 아름다움을 손상하였지만 자애로운 용모가 돋보인다. 정교한 기교를 보이는 보관을 쓰고 양손을 무릎 위에 포개어 얹었으며 병을 들고 있는 자세가 장엄하다. 의상의 무늬 곡선이 자유롭고 더구나 강건하고 섬세한 드리개에 화려한 채색이 서로 어우러져 조선 초기 조각술의 진보된 경지를 말해 주고 있다."[255]라고 평가했다.

또한 조선 초기의 불화에 관해서는 "조선 초기의 불화는 앞 시대의 장사공(張思恭) 풍의 전형을 완성하여 상당히 볼만한 것이 많다. 그러나 후기에 들어 지나치게 섬세하고 교묘하며 필치에 힘이 수반되지 않아 쇠퇴하는 운명을 맞이하였다"[256]라고 조망했다. 장사공은 중국 송나라의 화가를 말하는데, 그의 그림 풍이 사라진 이후의 조선 시대 불교 미술에 관해 전체적으로 '쇠퇴'를 강조했다.

조선 시대 비석에 대해 세키노는 "비석은 200여 년 사이에 서서히 퇴화되었으며, 기교도 조잡해져서 가치 있는 것이 적다."[257]라고 보았으며, 조선 시대 왕릉에 대해서도 "이들 설비는 초기에는 매우 웅건한 기풍을 띠고 있었지만 후기로 갈수록 서서히 둔중하고 치졸해졌다."[258]라고 평가했다.

---

254 관야정, 심우성 역, 2003, 『조선미술사』, 동문선, 305쪽.
255 관야정, 심우성 역, 2003, 『조선미술사』, 동문선, 312쪽.
256 관야정, 심우성 역, 2003, 『조선미술사』, 동문선, 314쪽.
257 관야정, 심우성 역, 2003, 『조선미술사』, 동문선, 308쪽.

세키노는 조선 시대 회화에 관해 "조선 시대 화가 중에는 초상화를 즐겨 그린 사람이 상당히 많았다. 이들은 대부분 도화서원으로, 특히 국왕과 왕족의 신위를 그린 것을 업으로 삼았다. 그중 우수한 것은 섬세한 필치를 사용하여 면모를 묘사하고, 높낮이와 요철 등을 스스로 파악하여 기품 있는 성격을 만들어 냈다. 그 사실적인 면에서 오히려 일본 화가나 중국 화가를 능가하고 있다."[259]라고 보았다.

공예품 일반에 관해 세키노는 "대체로 초기의 것은 매우 우수하나 후기로 들어오면서 쇠퇴"[260]하였고, 기와공에 대해 "일반적으로 기교가 조잡하여 고려 시대의 기와에 미치지 못한다. 특히 후기로 들어오면서 한층 더 타락하였고, 기와공들은 일찍부터 그들의 흥미를 담아 제작에 종사한 것이 아니었으므로 조잡한 것이 되었다."[261]라고 주장했다. 전체적으로 세키노는 조선 시대 예술품을 통일신라 시대의 그것보다 가치를 낮게 부여했던 것이다.

조선 시대의 도자기는 분청사기와 백자가 대표적이다. 분청자기에 대해 "고려 시대의 세련됨을 잃어버렸으나 독자적이고 온아한 모습을 드러내고 있다."[262]라고 보았으며, 백자에 관해서는 "조잡하면서도 일종의 고아한 맛을 표현하고 있다."[263]라고 서술했다. 그리고 다양한 기물(器物)에 관해서는 "고려 시대의 정밀하고 세련된 맛이 결여되기는 했지만 호방한 기풍을 띠고

258 관야정, 심우성 역, 2003, 『조선미술사』, 동문선, 310쪽.
259 관야정, 심우성 역, 2003, 『조선미술사』, 동문선, 340쪽.
260 관야정, 심우성 역, 2003, 『조선미술사』, 동문선, 340쪽.
261 관야정, 심우성 역, 2003, 『조선미술사』, 동문선, 342~243쪽.
262 관야정, 심우성 역, 2003, 『조선미술사』, 동문선, 344쪽.
263 관야정, 심우성 역, 2003, 『조선미술사』, 동문선, 345쪽.

있으며 여유자적하다."[264]라고 보았다.

조선 자기에 대한 전체적인 평가는 조선 시대 예술품에 관한 평가와 병행되었다.[265] 세키노는 조선 시대 초기의 도자기에 관해 "형상이 손으로 이루어짐과 더불어 고유의 특질을 나타내 꽤 볼만한 것이 많았다."라고 보았다. 그렇지만 임진왜란 이후에 대한 부정적인 평가가 따랐다. 그는 임진왜란 이후 "국가가 피폐함에 따라 요업(窯業)도 점차 둔화되어 갔다."라고 이해했다.

그러면서 "특히 요업이 가장 성행했던 남부 지방은 전쟁의 피해를 심하게 입었고, 일본군들이 뛰어난 도공들을 데리고 가버렸으므로 한층 타격을 받아 마침내 쇠잔한 운명을 만회할 수 없었다."라고 보았다. 일본 도자기의 '부흥'은 조선 도자기의 쇠퇴와 연동시킨 것이다.

반면 세키노는 옻칠과 화각에 관해서는 상대적으로 높게 평가했다. 세키노는 칠공예에 관해 "고려 시대에는 칠공예의 기술이 의외로 진보하였다. 분묘 안에서 발견된 것 중에는 세밀하고 화려한 나전 등을 입힌 것도 있다."[266]라고 서술했다. 화각 공예는 소의 뿔을 장식의 재료로 활용한 조선 특유의 예술품이다. 화각공에 관해 세키노는 "이것은 조선 고유의 장식법"임을 지적하고, "투명한 소뿔에 밑그림이 비치는 것은 일종의 우아한 정취를 표현하고 있다."[267]라고 주장했다.

세키노의 조선 시대 칠공예를 고려 시대보다 '진보'했다고 하면서 '의외'

---

264 관야정, 심우성 역, 2003, 『조선미술사』, 동문선, 345쪽.
265 관야정, 심우성 역, 2003, 『조선미술사』, 동문선, 346쪽.
266 관야정, 심우성 역, 2003, 『조선미술사』, 동문선, 347쪽.
267 관야정, 심우성 역, 2003, 『조선미술사』, 동문선, 348쪽.

라는 평가가 주목된다. 반면 같은 일본인이면서도 조선 미술에 관해 '애정'이 존재한 야나기 무네요시는 조선 미술사에 대한 평가가 달랐다. 고려 시대와 조선 시대에 대해서도 긍정적이고 적극적인 의미를 부여했다.[268]

야나기는 통일신라와 대비된 고려 시대에 관해서도 "먼 과거의 조선에만 예술이 있고 문화가 있었다고 생각해서는 안 된다."라고 규정했다. 그리고 고려 시대 예술품에서 기존에 높게 평가된 도자기와 고려대장경 이외에도 "고려는 도자기만으로도 불멸의 것이 아닌가. 그 시대는 학예의 시대였다. 정교하고 우수한 고려대장경보다 더 뛰어난 불전의 편찬은 중국과 일본 양국을 통 털어서 하나도 없지 않는가."라고 해서 불경의 편찬에 큰 의미를 부여했다.

세키노가 부정적으로 이해했던 고려와 조선 시대 예술품에 관해서도 야나기는 '불멸의 작품'이 있다고 보았으며, 이를 민중의 예술품인 민예품(民藝品)에서 찾았다. 민예품으로 "어떤 것은 참으로 영원한 물건"이라고 평가한 대중적 목공예와 도자기를 지적했다. 그리고 조선 시대의 경우 회화에 주목했다. 야나기는 "시대의 요구로 초상화만은 발전시켰으니, 이것이 전대에 없던 조선조 회화의 특색이다."[269]라고 보았다.

야나기는 고려 시대와 조선 시대 예술품의 특징에 관해 고려 시대는 도자기를, 조선 시대는 목공예를 강조했다. 민예를 중심으로 "고려의 문화는 실로 도자기의 문화였다. … 목공은 실로 조선조의 대표적 공예라 해도 과언이 아니다."[270]라고 보았다. 홍순혁의 경우에도 조선 시대 미술에 관해

---

268 아나기 무네요시, 「조선의 미술」, 『新潮』, 1922.1; 이길진옮김, 1994, 『조선과 그 예술』, 신구, 84쪽.
269 고유섭, 「우리의 미술과 공예」, 『동아일보』, 1934.10.9.~20; 『고유섭전집』 1, 173~174쪽.
270 고유섭 (미발표원고), 「조선미술약사」, 『고유섭전집』 1, 49쪽.

"이조(李朝)에 있어서도 미술 작품이 없다고 실망하는 학자들은 모름지기 그 눈을 어느 한정에서 벗어나 남의 모방을 떠나 민족적 의식을 굳세게 나타낸 목공품(木工品)이나 자기(磁器)에서 진정한 예술의 미를 찾아 볼 것입니다."[271]라고 해서 목공품에 주목했다.

야나기는 이어서 조선의 민예품이 일본에 미친 영향을 강조했다. 그는 "일본의 다기가 남한에서 만들어진 일상적인 그릇의 유운(遺韻)을 전한 것임은 누구나 알고 있는 사실이다. 나같이 역사학을 전공하지 않은 사람도 이런 것쯤은 알고 있다. 만일 정당한 역사가가 나타난다면 그는 자신의 『조선 미술사』에서 하나의 경악을 세계에 던질 수 있을 것이다."라고 해서 예술적 가치에 주목해야 할 필요성을 강조했다. 조선 예술에 관해 일본 제국이 아닌 식민지 조선의 관점에서 서술되어야 한다고 주장한 것이다.

식민지와 제국의 관계에서 제국 일본이 아닌 조선 민족의 입장을 고려한 것이다. 그는 한 민족의 역사에 관해 "민족의 역사에는 흥망이 있을 것이다. 그러나 비록 국가는 약해지더라도 예술은 강하다. 그것은 시간을 초월하고 나라를 초월한다. 감히 어떠한 칼날이 조선의 미에 상처를 입힐 수 있겠는가."라고 해서 조선 예술의 연속성과 영원성을 강조한 것이다.

한편 야나기는 조선 시대 정치사에서 예민한 주제인 '당쟁'에 관해서도 세키노와 달랐다. 그는 조선 시대 사색당파, 가렴주구 등을 비판하면서도 조선 예술품 가운데 긍정적 요소를 찾았다.

조선조의 오백 년이 전부 이에 그쳤다면 우리 종족이 어찌 씨라도 남았으랴

---

271 洪淳赫, 「朝鮮의 美術자랑(特히 우리 國寶에 對하여)」, 『별건곤』 제12 · 13호, 1928.5, 118~119쪽.

> 마는, 오늘날까지도 이천만이란 민족이 남아 있는 걸 보면 아무런 독기에도 간헐적임이 있었고 정체되거나 멈춘 적이 있어 그간의 생(生)의 서광이 번득인 적이 있었음을 알게 된다. 세종 · 문종대 서광이 그요, 중종 · 문종(명종?-원문대로)대 서광이 그요, 숙종 · 영조대 서광이 다 그것이다. 이러한 간간한 참 때에 우리는 세계에 자랑할 '한글'을 낳고, 세계에 자랑할 활판 인쇄술을 내고, 세계에 자랑할 흠경각의 의상(儀像)을 내고, 세계에 자랑할 사상 의술을 내고, 세계에 자랑할 악학(樂學)을 내고, 세계에 자랑할 보학을 내고, 세계에 자랑할 붕당을 내어 마침내 세계에 자랑할 끝을 막았다.[272]

예술품의 범위를 넘어서지만, 그는 조선 정치사에서 세종 · 문종대, 중종 · 명종대, 숙종 · 영조대를 강조했다. 그리고 조선의 자랑거리로 '한글', 활판인 쇄술, 흠경각, 사상 의학, 악학, 보학, 붕당 등을 제시했다. '우수한 점'의 강조가 추후 조선학 연구자들에게 어떤 자극을 주었는지를 살펴보아야 한다.

272 고유섭, 「우리의 미술과 공예」, 『동아일보』, 1934.10.9.~20; 『고유섭전집』 1, 170~171쪽.

4장

『조선고적도보』와 조선 예술품 인식

고구려 벽화 인식

2004년의 연구에 따르면, 우리나라에 110기 이상 발견된 삼국시대의 벽화고분 가운데 백제와 신라의 것이 각 2기, 가야의 것이 1기이며 이를 제외한 나머지는 고구려에서 만들어진 것이라고 한다.[273] 2009년의 연구에서는 숫자가 조금 늘어 현재까지 118기 가량 발견되었다고 한다.[274] 고구려 고분벽화는 그동안 내외의 많은 학자에 의하여 연구되었으나, "그중에서 벽화 연대에 대하여 언급한 사람들로서는 리여성과 고유섭이 있으며, 일본인으로서는 세키노 타다시, 나이토 고난, 이케우치 히로시 등이 있다."[275]라고 평가된다.

일제강점기에도 조선의 유적과 유물 가운데 고구려 벽화에 주목되었다. 최남선은 1917년 5월의 글에서 "벽화는 진인(震人) 고유의 영활(靈活)한 소

273 전호태, 2004, 『고구려 고분벽화의 세계』, 서울대학교출판부, 5쪽.
274 기획편집위원회편, 2009, 『고구려 유적의 어제와 오늘』, 동북아역사재단, 136쪽.
275 김용준, 1958, 『고구려 고분벽화연구』, 과학원출판사; 김용준, 2001, 『근원 김용준 전집』 4, 열화당, 16쪽.

지(素地)에, 인도적 의장(意匠)과 페르시아적 기교와 한토(漢土)의 문기(文氣)와 북방적 무풍(武風)을 융회화합(融會和合)하여 용주(鎔鑄) 출래(出來)한 기품(奇品)이니 … 조선 고미술(古美術)의 정화(精華)요 동양 최고(最古)의 예술상 실적으로, 세계 예원(藝苑)의 절보(絶寶)임은 물론이거니와, 겸하여 당시 고구려의 문화가 여하히 세계적 · 패자적임을 볼 수 있을 것이요, 우리의 예술적 재원(才媛)이 얼마나 구원(久遠)하고 예술상 문벌(門閥)이 얼마나 귀영(貴榮)함을 증명하는 것"[276]이라고 보았다.

최남선은 고구려의 벽화가 동양에서 제일 오래되었고, 세계적으로 귀중한 보물로 본 것이다. 이 글에서 최남선이 고구려 벽화 4개를 언급했는데, 이러한 정보는 누구에 의해, 언제 이루어진 것일까? 1910년대 세키노의 연구 성과가 바탕이 되었으리라 판단된다.

1909년에 출판된 『한홍엽(韓紅葉)』에 실린 세키노의 「한국 예술의 변천에 대하여」에서는 아직 고구려 고분에 대한 구체적인 논의가 없었다. 또한 그 자신도 아직 고구려 벽화에 관한 연구를 진척시키지 못했다. 고구려 벽화 가운데 우현리 대묘(강서대묘)는 1912년에, 매산리 사신총(수렵총), 안성동 쌍영총, 통구 삼실총은 1913년에 정식으로 발굴되었다.[277]

고구려의 벽화고분은 대략 3세기 말 이래 7세기 전반까지 지속적으로 만들어졌고, 벽화의 내용과 구성 방식, 표현 기법, 분위기 등도 시기에 따라 달라졌다.[278] 유홍준은 "고구려 고분 미술의 꽃은 벽화다. … 그중에는 왕릉도

276 최남선, 「아등은 세계의 갑부」, 『청춘』 7, 1917.5, 52쪽.
277 이종수, 『벽화로 꿈꾸다』, 하늘재, 2011, 270~291쪽.
278 전호태, 2004, 『고구려 고분벽화의 세계』, 서울대학교출판부, 6쪽.

있으리라 추정되지만 이 기간 동안 왕은 10명뿐이기 때문에 귀족의 무덤이 대종을 이룬 것으로 보인다. 피장자의 신분을 보면 왕릉급부터 태수(3품)급까지 있다"[279]라고 보았다. 발굴된 고구려 벽화고분을 시기별로 나누어 살펴보면 아래와 같다.

〈고구려 벽화 시기 구분〉[280]

초기의 벽화고분	금옥리1호분(평양), 태성리3호분(평양군 남포), 만보정1368호분(집안), 요동성총(평양군 순천), 평양덕진벽화분(평양), 노산동1호분(평양), 안학동7호분(평양), 태성리 1, 2호분(평양남포), 안악1, 3호분(안악), 월정리벽화분(안악), 각저총(집안), 모두루총(집안), 동암리벽화분(평양군 순천), 장산동 1, 2호분(평양), 덕흥리벽화분(남포), 약수리벽화분(남포), 복사리벽화분(안악)
중기의 벽화고분	무용총(집안), 감신총(남포), 성총(남포), 마산구1호분, 하해방31호분, 통구12호분, 환문총, 삼실총, 산성하절천정묘, 우산하41호분(집안), 장천1호분(장천), 가장리벽화분, 팔정리벽화분(평양군 대동), 고산동7호분, 고산동10호분, 고산동15호분(평양), 용흥리1호분(남포), 산성하983호분, 산성하332호분, 산연화총, 산성자귀갑총(집안), 장천2호분(장천), 미창리장군묘(환인), 천왕지신총(순천), 운룡리벽화분(평원), 전동명왕릉, 고산동9호분(평양), 연화총, 용강대묘 대안리1호분, 우산리3호분, 수렵총(남포), 안악2호분(안악), 고산동1호분, 덕화리1,2호분(평양)
후기의 벽화고분	동구사신총, 오회분4호분(집안), 개마총, 호남리사신총, 진파리1호분(평양), 평정리벽화분(안악), 오회분5호분, 동대파365호분(집안), 진리리4호분, 내리1호분(평양), 강서대묘(남포), 강서중묘(남포)

현재 우리나라에서 발견된 가장 이른 시기의 고분벽화는 2세기 말경 만들어진 평양의 낙랑 채협총 벽화이다. 낙랑군 관리의 무덤으로 추정되는 채협총의 앞 칸 서벽에는 사냥 그림의 일부로 보이는 기마 인물 2인과 도보인물 1인의 그림이 발견되었다.[281]

고구려 초기(350~450년)의 벽화고분은 '생활 풍속'을 벽화의 주제로 삼았

279 유홍준, 2010, 『유홍준의 한국 미술사 강의』 1, 눌와, 110쪽.
280 전호태, 2004, 『고구려 고분벽화의 세계』, 서울대학교출판부, 28~32, 35쪽.
281 전호태, 2004, 『고구려 고분벽화의 세계』, 서울대학교출판부, 5쪽.

다.[282] 생활 풍속계 고분벽화의 기본 제재는 무덤주인부부도, 행렬도, 수렵도, 가무도, 연회도, 생활공간도 및 일월성수도 등을 들 수 있다.[283] 초기 여러 칸 무덤에서 점차 앞칸이 안 칸보다 옆으로 긴 두 칸 무덤으로 변화해간다. 그리고 "벽화의 내용은 피장자의 초상화가 뚜렷하고, 행렬도 등 생전의 공적인 모습과 사적 생활공간을 함께 그려 넣었다. 공적인 내용의 벽화에는 어딘지 중국적인 분위기가 있고 생활도를 그린 필치는 소박하다."[284]라고 평가된다.

중기(450~455년)의 벽화고분은 두방무덤 계열과 외방무덤 계열로 정비되는 경향이 나타난다.[285] 고구려의 무덤은 공간이 둘로 나뉜 것과 하나로 된 것이 대표적이다. 이를 두방무덤과 외방무덤이라고 표현하며, 점차 외방무덤으로 바뀌어나갔다.

공간 배치의 변화와 함께 벽화의 내용도 바뀌어 나간다. 전호태는 "5세기 중엽부터 평양 · 안악 지역 생활 풍속계 벽화고분에서는 생활 풍속과 사신(四神)이 함께 등장하는 새로운 흐름이 나타난다"[286]라고 평가했다. 그리고 유홍준은 "평양 지방의 약수리무덤, 수산리무덤, 두기둥무덤(쌍영총)에서는 초기의 공적인 행렬도가 사적인 행렬도로 바뀌면서 서서히 생활풍속도로 전환하는 양상을 볼 수 있지만 집안 지역의 춤무덤, 씨름무덤에서는 완전히 생활풍속도로 그려진다."[287]라고 보았다.

282 전호태, 2004, 『고구려 고분벽화의 세계』, 서울대학교출판부, 33쪽.
283 전호태, 2004, 『고구려 고분벽화의 세계』, 서울대학교출판부, 119쪽.
284 유홍준, 2010, 『유홍준의 한국 미술사 강의 1』, 눌와, 111쪽.
285 전호태, 2004, 『고구려 고분벽화의 세계』, 서울대학교출판부, 33쪽.
286 전호태, 2004, 『고구려 고분벽화의 세계』, 서울대학교출판부, 218쪽.

중기에는 부부가 나란히 있는 생전의 모습을 작게 그렸고 얼굴은 드러나지 않는다. 무덤의 구조는 여(呂)자형 두 칸 무덤으로 행렬도가 사라지고 그 자리에 생활풍속도가 들어섰다. 이러한 변화에 대해 "벽면 모서리에 기둥과 들보를 그려 실내 공간임을 나타내며 고구려 고분벽화에만 나오는 불꽃 무늬와 괴운 무늬가 나타난다. 불교적인 요소가 등장하여 연꽃, 비천상, 승려의 모습이 나타나기도 하며 천장에 사신도가 부주제로 등장한다. 그림의 필치에서는 중국풍이 사라지고 고구려다운 서정이 물씬 풍긴다."[288]라고 평가되었다.

후기(5세기 말부터 6세기 초)의 벽화고분은 전형적인 외방무덤들이 축조되기 시작했다. 사신을 벽화의 기본 주제로 삼으며 천장고임 평행삼각고임, 삼각고임 등으로 정형화한다.[289] 그리고 사신(四神)은 "널방의 벽면 전체를 차지하는 사실상 유일한 제재로 단순히 하늘별자리가 형상화된 방위신 정도가 아닌 죽은 자의 세계를 지켜 주는 우주적 수호신"[290]으로 간주되었다.

무덤 공간이 구(口) 자형 한칸무덤으로 변화하고 생활도가 사라진다는 점과 벽화의 내용은 추상적, 개념적인 장식 산연화, 별자리, 동그라미추상무늬 등으로 개념화된다. 사신도가 특징으로 "강서큰무덤, 통구사신무덤, 호남리사신무덤은 영혼을 수호하는 사신도로 장식되면서 벽화무덤의 완벽한 전형을 보여준다."[291]라고 보았다. 사신도가 그려진 대표적 고분이 강서

287 유홍준, 2010, 『유홍준의 한국 미술사 강의 1』, 눌와, 112쪽.
288 유홍준, 2010, 『유홍준의 한국 미술사 강의 1』, 눌와, 111쪽.
289 전호태, 2004, 『고구려 고분벽화의 세계』, 서울대학교출판부, 34쪽.
290 기획편집위원회편, 2009, 『고구려 유적의 어제와 오늘』, 동북아역사재단, 137쪽.
291 유홍준, 2010, 『유홍준의 한국 미술사 강의 1』, 눌와, 112쪽.

대묘와 강서중묘였으며, 이 고분은 1920년대 초반에도 '조선의 자랑거리'로 여겨졌다.

> 강서의 고분이라 함은 조선의 자랑이요 세계 예술계의 진귀한 보물이라. 천여 년을 경과한 고분 내의 벽화는 조금도 변함이 없고 그 선명한 색채와 영묘(靈妙)한 필치가 실로 보는 자로 하여금 황홀의 감을 금치 못하게 하니 한 달 전에 프랑스 유명한 예술가가 어둡고 습기 많은 고분 안으로 들어가 앉아 하루 종일 연구하였으나 도저히 전부를 이해하지 못하겠다 라고 탄식하고 돌아갔다 한다. 이 예술품을 보관하기 위하여 도장관의 정식 허가가 없으면 무단히 참관함을 허락하지 않는다고 함은 우리도 이를 찬성하는 바이나 그러한 고대의 예술품을 보관함에 속되고 비열한 수선을 가하였음은 일본인의 예술을 보는 안목이 저열함을 표방하는 동시에 실로 사람으로 하여금 불쾌의 감을 지나 분개의 정을 생기게 한다.[292]

이 고분의 사신도에 관해 오늘날도 높게 평가된다. 전호태는 "강서대묘와 강서중묘에서 사신은 거의 아무런 배경 없이 벽면에 그려졌다. 세련된 필치와 선명한 채색이 잘 어우러진 벽화 속의 사신은 상상적 동물임에도 실재하는 존재인 것처럼 느껴진다. 나아가 사신이 획득한 '실재성'은 다시 무배경에 가까운 벽면에 깊은 공간감을 주어 벽면이 마치 아득한 하늘 세계인 듯이 느껴지게 한다. 무배경에 가까운 벽면과 사실감 있는 사신 표현이 절묘한 상승효과를 나타내고 있는 것이다. 같은 시기 중국의 남북조 미술, 이어지는 수·당의 미술에서는 찾아지지 않는 표현과 효과"[293]에 주목했다.

---

292 삼민생, 「서선에서 돌아와」, 『동아일보』, 1920.6.7.

293 전호태, 2004, 『고구려 고분벽화의 세계』, 서울대학교출판부, 262쪽.

고구려 고분에 관한 초기의 발굴과 조사는 과학적으로 이루어지지 않았다. 당대의 발굴 상황은 인부들을 동원해 고분의 정상부를 굴착해서 천장석을 노출시킨 다음 이를 걷어내고 석실 내부로 들어가 유물을 수습하고 석실을 실측했다고 한다. 이후 연도 출입구가 위치한 봉분의 남쪽 일대를 제거하여 연도를 통해 고분으로 진입하여 조사를 하는 방식으로 진행되기도 했다. 1910년대 발견된 당시의 고구려 고분의 명칭을 살펴보면 다음과 같다

〈고구려 고분벽화 명칭〉[294]

발굴연도	발굴 당시 명칭	『조선 미술사』의 명칭	현재의 명칭
1912년	강서 대총	강서 대묘	강서 대묘
	강서 중총	강서 중묘	강서 중묘
	간성리 고분	연화총	연화총
1913년	매산리 수총	매산리 사신총	수렵총
	화상리 대연화총	감신총	감신총
	성총	성총	성총
	안성동 대총	안성동 대총	용강 대묘
	쌍영총	쌍영총	쌍영총
	삼실총	삼실총	삼실총
	산연화총	산연화총	산연화총
	귀갑총	귀갑총	귀갑총
	미인총	미인총	미인총
1916년	개마총	개마총	개마총
	호남리 사신총	호남리 사신총	호남리 사신총
	팔각천정총	천왕지신총	천왕지신총

초창기에는 고구려 고분에 대한 발굴 경험이 없었기에 고구려의 것이 낙

294 이종수, 2006, 「일제강점기 關野貞의 고구려 고분벽화 조사에 대한 고찰」, 명지대학교 석사논문, 22쪽.

랑 고분으로도 오인되기도 했다. 그리고 일본의 고분 발굴·조사의 목적이 주로 벽화의 발견이나 중요 유물 습득에 있었다.[295] 한말과 일제강점기에 발굴된 고구려 벽화를 차례로 살펴보면 아래와 같다.

고구려 벽화 연구는 1902년 평양 지역의 강서대묘가 그리고 1906년 강서군 삼묘리에 있는 2기의 무덤(강서대묘, 강서중묘)이 발견되었다. 집안과 환인 지역의 고구려 벽화고분은 1907년 프랑스의 고고학자 샤반느가 산연화총에서 벽화를 발견하고 1908년에 이를 소개했다. 삼연화총에 관해 세키노는 "표현법이 모두 강건한 양식으로 기이하고 예스러우며, 앞에서 서술한 삼실총과 같은 형식으로 이루어져 있다."[296]라고 평가했다.

강서대묘와 강서중묘에 대해서는 일본인 학자, 화가들이 벽화를 보고 모사하고 기록에 남겼다. 1912년 세키노에 의해 발굴되었고, 발굴 당시 우현리 남총 혹은 우현리 대묘 등으로 불렸다.[297] 그리고 이곳에 관한 결과 보고서가 1913년에 나왔다.

세키노는 우현리 삼묘에 관해 "대묘와 중묘의 현실 내부에서 고구려말의 가장 세밀하고 숙련된 기술을 대표할 만한 훌륭한 벽화가 발견되었다. … (대묘의 사신도는) 모든 것이 웅대한 기상으로 표현되어 있어 당시의 발달된 회화에 놀라움을 금할 길이 없다. … (대묘는) 벽화와 장식 무늬를 보면 순전히 북위 양식으로 이루어진 것으로서, 일본 아스카 시대의 것과 밀접한 관계를 지니고 있다. 이런 점에서 판단하건대 약 1350년 전 무렵에 이루어진

295 양시은, 「일제강점기 고구려 발해 유적조사와 그 의미」, 『고구려발해연구』, 고구려발해학회, 2010, 161쪽.
296 관야정, 심우성 역, 2003, 『조선미술사』, 동문선, 106쪽.
297 전호태, 2006, 『고구려고분벽화』, 주식회사 연합뉴스, 182쪽.

듯하며 평원왕의 능이 아닌가 생각된다. (중묘는) 연대는 대체로 대묘와 비슷하나, 다소 그보다 후기에 만들어졌을 것으로 생각된다."[298]라고 보았다.

반면 고유섭은 평양을 중심으로 한 고구려 벽화의 연대와 관련해서 학설상으로 세키노의 영향을 받은 점과 차이가 나는 점이 있었다.[299] 그는 "평양을 중심으로 한 벽화는 대개 서기 427년 이후의 것이라 함에 하등 무리가 없는 일이다. 그러면 그 최고 연대는 어느 때냐 하면 이는 확실히 지적할 수 없다. 그리고 그 최후 연대는 필법 · 화제 등에서 보아 삼묘리 고분에 있는 듯하다."라고 해서 세키노의 학설에 동의했다.

강서 지역의 3무덤의 주인이 고구려 왕이란 점에 관해서도 세키노의 입장과 같았다. 그는 "이것을 고구려 평원왕(平原王)의 분묘로 보려 한다. 이것은 매우 가능성이 있는 추정이라 하겠다. … 삼묘리의 세 무덤은 '품(品)'자형으로 원두(原頭)에 놓인 점이라든지, 내부의 경영이 왕자(王者)의 능묘에 해당한 점에서, 또는 벽화의 시대 성질상 이 세 묘는 이 세 왕의 능묘로 추정하는 데 조금도 무리한 점이 없다."라고 보았다.

반면 세키노와 무덤의 주인에 관한 해석에 차이점이 있었다. 무덤 주인의 차이는 무덤 조성 시기의 관한 입장 차이로 연결되었다. 고유섭은 세키노와 달리 "대총을 중총보다 시대적으로 앞선 것으로 보고, 대총을 평원왕묘로 보는 것 같지만, 필자의 의견은 이곳에서 다르다. 중중총은 대총보다 시대적으로 앞선 것이다. 따라서 세키노 타다시의 설대로 대총이 평원왕대의 것이라면 중총은 이 세 원왕(原王) 속에 들지 못하게 된다. 더욱이 중총의

298 관야정, 심우성 역, 2003, 『조선미술사』, 동문선, 113~116쪽.

299 고유섭, 『우당 고유섭 전집』 1, 열화당, 2007, 193쪽. 이 책의 부제는 『조선미술사 상-총론편』이다.

남쪽에 놓여 있는 점에서도 대총은 양원왕 것에 해당한 것이요, 중총은 안원왕 것에 해당한 것, 따라서 소총은 평원왕의 것으로 보고 싶다."라고 밝혀 무덤 주인이 누구인지에 관해 세키노와 다른 입장에 있었다.

이 2기의 무덤 외에 1910년과 1914년에 수렵총, 감신총, 성총, 용강대묘, 연화총, 쌍영총이 발견·조사되었다. 수렵총은 남포시에서 발견된 흙무지 돌방무덤으로 무덤 널방 벽에서 발견된 사신으로 인해 매산리사신총으로 불렸다. 조사 당시 널방 천장 동남쪽은 파손되어 있었고 남벽 상부에는 도굴 구멍이 뚫려 있었다.[300] 세키노는 매산리 사신총에 관해 "인물과 사신도는 수법이 예스럽고 아름다우나 매우 유치한 구름 무늬, 낭초 무늬 같은 간결한 것으로 그치고, 오늘날까지 발견된 고구려 시대의 고분벽화 가운데 가장 오래된 듯하다"[301]라고 평가했다.

쌍영총도 발견 당시 도굴로 심하게 훼손되어 있었다. 세키노는 쌍영총에 관해 "쌍영총은 이전에 발굴된 고구려 고분 가운데 가장 중요한 것 중 하나이다."[302] 혹은 "동서쪽 벽에 청룡, 백호를 묘사하였으며, 수법이 웅대하고 호쾌한 기상을 나타내고 있다."[303]라고 평가했다.

세키노는 이러한 1912~13년의 조사를 바탕으로 1914년에 『건축잡지』에 일본어로 쓴 「평양 부근의 고구려 시대 분묘 및 회화」 전편(前篇)을 발표했다. 그는 이글에서 평양 지역 고구려의 무덤 8개에 대한 구조와 벽화에 대해 소개했는데, 고구려의 벽화에 대해 당시로부터 1350~1450년 전의 것이

300 기획편집위원회편, 2009, 『고구려 유적의 어제와 오늘』, 동북아역사재단, 170쪽
301 관야정, 심우성 역, 2003, 『조선미술사』, 동문선, 111쪽.
302 관야정, 심우성 역, 2003, 『조선미술사』, 동문선, 113쪽.
303 관야정, 심우성 역, 2003, 『조선미술사』, 동문선, 114~115쪽.

며, 고구려 벽화에 대해에 관해 "6조 시대의 회화의 대작(大作)은 지금 중국에서 발견되지 않으므로, 실로 동양 최고(最古)의 회화"[304]라고 평가했다. 고유섭도 "1913년 세키노 박사로 말미암아 학계에 최초로 소개된 삼실총 · 산연화총"[305]이라고 해서 세키노의 학문적 공을 인정했다.

1914년 일본인에 의해 산연화총이 다시 조사되고 이어 삼실총, 귀갑총, 미인총, 오회분5호분 등이 발견 · 조사되었다. 삼실총은 길림성 집안시에 있으며 북벽 벽화에 공성도가 있다. 왼편에 지그재그 형태로 그려진 성이 있고 성 바깥에 네 명의 기갑 무사가 두 명씩 싸움을 하고 있는 벽화가 특징이다.[306]

세키노는 삼실총에 관해 "적어도 지금으로부터 약 1500여 년 전의 것으로, 동양(인도를 제외)에 현존하는 최고(最古)의 벽화가 된다"라고 규정했다. 그러면서 이 벽화에 관해 "벽면의 그림은 솜씨가 서툴고 기교는 없으나 예스럽고 아름다운 멋이 있으며, 삼각굄천장에 그려져 있는 구름 무늬와 사신도는 한나라 양식의 영향을 볼 수 있다. 연꽃 무늬는 북위 이전의 특성을 나타내고 있다."[307]라고 평가했다.

1916년에 개마총과 호남리사신총, 천왕지신총이 확인되었다. 개마총은 평양시 대성산 기슭에 위치하고 있으며, 널방 천장고임 동쪽의 개마행렬도로 말미암아 개마총으로 이름 지어졌다.[308] 호남리사신총은 평양시 삼석구

---

304 關野貞, 「平壤附近に於ける高句麗時代の墳墓及繪畫」, 『建築雜誌』 326호, 1914.2; 『朝鮮の建築と藝術』, 岩波書店, 1941, 410쪽 재인용.

305 고유섭, 『우당 고유섭 전집』 9, 열화당, 2013, 218쪽.

306 기획편집위원회편, 2009, 『고구려 유적의 어제와 오늘』, 동북아역사재단, 271~272쪽.

307 관야정, 심우성 역, 2003, 『조선미술사』, 동문선, 106쪽.

역 성문리(옛 지명: 평안남도 대동군 시족면 호남리)에 위치해 있고 1916년에 조사가 이루어졌다. 발굴 당시 널방 네 벽에 그려진 사신만 남은 상태였다.[309]

천왕지신총은 평안남도 순천에 있으며, 흙무지 돌방무덤으로 무덤 방향은 남향에 위치한다. 1916년과 1917년 두 차례에 걸쳐 조사되었는데, 발굴 이후 널방 천장고임 북쪽에 '천왕'과 '지신'이란 묵서가 있어 천왕지신총이라고 불린다.[310]

평안남도 순천에 있는 천왕지신총에 관해 세키노는 "가장 흥분을 자아내게 하는 것"이라고 서술했다. 그 이유에 관해 "이 무덤의 현실 구조는 기교가 가장 뛰어나며, 그 당시 목조 건축의 한 면모를 엿볼 수 있는 것이다. 그 밖에도 유례를 찾아볼 수 없는 진기한 수법을 자랑하고 있다."[311]라고 평가했다.

1920년대 전반 박종홍도 고구려 벽화에 주목했다. 고구려 벽화 자체의 예술적 가치를 높게 보았다. 그는 "조선 반도에도 낙랑 시대에 궁륭(穹窿) 천장이 이미 있었으며 고구려 시대에 이르러서는 지하의 유실(幽室)로서도 오히려 더 한층 진보한 형식의 천정을 지금까지 온존하게 존재하니 동서양의 반도 미술이 서로 비슷하였음은 또 다양한 취미가 반영된 현상을 만들었도다. 더욱 원(圓)으로부터 각(角)으로, 곡선미로부터 직선미로 옮겨가는 경향이 점차로 많이 나타나는 금일의 미술이 또한 고구려 시대의 건축술이 변천하였음과 서로 비슷하도다."[312]라고 평가했다.

---

308 기획편집위원회편, 2009, 『고구려 유적의 어제와 오늘』, 동북아역사재단, 208쪽.
309 기획편집위원회편, 2009, 『고구려 유적의 어제와 오늘』, 동북아역사재단, 211쪽.
310 기획편집위원회편, 2009, 『고구려 유적의 어제와 오늘』, 동북아역사재단, 175쪽.
311 관야정, 심우성 역, 2003, 『조선미술사』, 동문선, 110~111쪽.

한편 박종홍은 중국 미술의 모방을 강조한 세키노의 학설에 대한 반론도 제기했다. 그는 "북방적 무풍(武風)을 지닌 북부의 배달족이 예술적 창조의 양심으로 자아를 표현키 위하야 외래 미술의 모방을 정벌한 역사라 할지로다"[313]라고 보았다. 그가 고구려의 '무풍'을 강조한 것은 조선 예술품에 대한 '비애미'와 같은 부정적인 평가에 대한 대응이었다. 그는 조선 미술을 "비애의 특성을 지닌 것이라고 함과 같음은 근대인의 외관상 선입견에 지배된 것"[314]이라고 보았다.

또한 그는 같은 글에서 고구려 무덤 벽화를 고구려 회화뿐만 아니라 동양화를 대표하는 것으로 강조했다. 그는 "위대한 정신의 주인이며 비범한 수완의 소유자인 우리 고구려인은 그 본유(本有)의 미술에 유수(幽邃)한 인도의 불교적 사상과 신묘(神妙)한 서역의 그리스 계통의 기교를 용(容)하며 조선의 것으로 변화하여 드디어 동양의 전 대표적 걸작을 출(出)하였나니"라고 해서 고구려의 미술이 인도와 그리스적 요소를 모두 아우른 것으로 설명했다.

아울러 일본에 미친 영향이 강조되었다. 고구려의 담징이 일본에서 활동하기 이전에도 일본은 "회화로는 미개하였던 암흑시대임을 면하지 못"[315]했다고 규정되었다. 그리고 고구려의 회화는 "그 유전상(遺存上)의 수이점(殊異點)과 기교상의 이상에 의하여 2가지 나뉘는데 하나는 반도 안에 있는 지하 유실(幽室)의 벽화를 이루고 다른 하나는 일본 섬나라의 큰 사찰의 금당

---

312 박종홍, 「조선미술의 사적 고찰」(5), 『개벽』 25, 1922.8, 22쪽.
313 박종홍, 「조선미술의 사적 고찰」(5), 『개벽』 25, 1922.8, 23쪽.
314 박종홍, 「조선미술의 사적 고찰」(6), 『개벽』 27, 1922.9, 25~26쪽.
315 박종홍, 「조선미술의 사적 고찰」(7), 『개벽』 28, 1922.5, 5, 18쪽.

(金堂)의 벽화를 이루었다. 하나는 북방의 완전히 무풍적(武風的) 회화로서 웅혼(雄渾)한 기운을 드러내고 다른 하나는 경건한 신앙의 발로인 불화(佛畵)로서 자비한 영운(靈韻)을 발(發)하도다."[316]라고 평가했다.

고구려 예술품의 가치는 고구려인의 예술적 정신으로 연결되었다. 박종홍은 장군총에 관해 "웅대하고 기발(奇拔)한 구조에 경탄치 아니치 못 할지요. 신중하고 장중(莊重)한 그 기상에 미칠 수 없는 숭고의 미를 감하는 바 없지 아니치 못할"[317] 것이라고 보았다.

시기는 뒤이지만 김용준도 고구려 기와에 관해 "집안현의 광개토왕묘(장군총)에서 출토된 것은 매우 웅건한 기상 … 요긴대 와당 면의 무늬는 자유롭고 다채로우며 수법이 견실하고 강건하여 신라나 백제에서 발견되는 것과는 성질이 꽤 다르다. 다소 북위 양식의 흔적이 엿보이나 대개 동진 시대의 영향을 받은 것이며, 고구려에서 고유하게 발전한 것으로 생각하는 것이 온당할 것"[318]으로 보았다. 장군총이 광개토왕의 무덤인지 여부는 논쟁 중이지만, 김용준도 고구려 예술품의 '강건함'을 강조했다.

이러한 '웅대'하다는 기상의 강조는 조선인의 지역적 정체성이 한반도에 국한되지 않은 것으로 확장되었다.[319] 박종홍은 고구려를 '대륙적'이라고 보았다. 조선에서 반도적 요소를 강조한 일본의 식민사관과는 다른 인식이다. 그러면서 "이러한 지반(地盤)에 웅거(雄據)하는 민인(民人)이야 실로 경건(勁健)한 철각(鐵脚)을 갖추지 아니치 못 할지며"라고 해서 강건함이 주목되었

---

316 박종홍, 「조선미술의 사적 고찰」(6), 『개벽』 27, 1922.9, 15쪽.
317 박종홍, 「조선미술의 사적 고찰」(5), 『개벽』 25, 1922.8, 20쪽.
318 관야정, 심우성 역, 2003, 『조선미술사』, 농눈선, 119쪽.
319 박종홍, 「조선미술의 사적 고찰」(5), 『개벽』 25, 1922.8, 17쪽.

다.

그러면서 고구려인의 강건한 기상이 미술품에 반영됐다고 보았다. 박종홍은 고구려 사람들의 기질이 "호방하면서도 오히려 견인불발(堅忍不拔)의 특성"이라고 보았다. 그러면서 고구려의 독특한 문화는 "북방적 기풍을 결합하야 고구려의 미술을 만들어 내게 하니 건축은 거대를 넘어서 장엄하였고 회화는 웅건(雄健)을 벗어나 영운(靈韻)이 자발(自發)하도다."라고 평가했다.

미술사학자 홍순혁은 1928년에 발표한 글에서 고구려 벽화를 높이 평가했다.[320] 1920년대 중후반의 상황에서 발견된 고구려의 미술에 관해 "고구려의 미술 중 현재까지 가장 가치 있는 것은 무엇보다도 능묘(陵墓) 내부에 그리어 있는 벽화와 천정의 장식입니다. 현재 벽화의 발견된 것은 집안(옛수도 소재지)에 3개소 평양 부근에 11개소나 됩니다."라고 소개했다.

계속해서 홍순혁은 "약 1500년 전후로부터 1300년 전후에 이르는 동안인데 당시의 회화, 풍속화가 그리어 있어 고구려 시대의 화풍과 문화를 아는데 가장 귀중한 재료가 됩니다."라고 하면서 고구려 벽화가 지닌 가치에 주목했다. 고구려 벽화에 주목한 것은 다른 지역과 국가에서는 나타나지 않는 '독자성'에 관한 내용이었다.

> 고구려의 능묘는 중국에 그 유사함을 보지 못하는 고구려 특유의 것으로 그 제도로만 보아도 우리의 자랑이 되지만 더욱 흥미 있는 것은 현실(玄室) 안의 벽화와 천정의 장식입니다. 그 양식은 강서의 대묘, 중묘가 북위 영향을 받았음

320 洪淳赫, 「朝鮮의 美術자랑(特히 우리 國寶에 對하여)」, 『별건곤』 제12 · 13호, 1928.5, 121~122쪽.

에 반(反)하여 종래 발견된 모든 고분(古墳) 중의 벽화와 장식은 다 북위 이전 곳 동진(東晋) 시대의 감화를 받은 것이매 중국 본토에서 이미 망실된 북위 이전의 예술 양식의 자취를 우리에게서 볼 수 있음도 흥미 있는 사실입니다. 더구나 이미 서술함과 같이 특히 인물화는 가장 당시 고구려의 풍속을 실사(實寫)한 것으로 당시의 풍속, 문화를 알리는 좋은 재료인 점으로 또한 이 모든 벽화가 중국 본토에서 볼 수 없는 동양 최고(最古)의 회화를 대표함으로 그 가치를 알 수 있습니다. 더욱 장식 문양에 있어서는 북위의 영향을 볼 수 없은 즉 고구려의 회화가 얼마나 발달되었던가를 미루어 알 것입니다.

그러면서 홍순혁은 고구려 벽화 가운데 삼실총, 팔각천정총(八角天井塚), 쌍용총 등을 높게 평가했다. 그는 집안의 삼실총 벽화를 "두텁게 칠을 바르고 그 위에 문양과 회화를 그린 것으로 고졸한 편이나 운문(雲文), 사신(四神)의 그림은 한식(漢式)의 영향으로 북위(北魏) 이전의 특질을 보입니다."라고 보았다. 그리고 팔각천정총을 삼실총보다 시간적으로 뒤졌지만 "수법이 교려(巧麗)하며 인물을 사실적으로 그리어 당시 풍속의 진상(眞相)을 유감없이 드러낸 것"으로 강조했다.

아울러 홍순혁은 "고구려 말의 가장 정련(精錬)한 기술을 대표한 벽화"로서 평남 강서군 서면 우현리(遇賢里)의 삼실묘에 관해서도 주목했다. 그의 논리 전개에 세키노의 학설이 근거로 제시된 것이다. 그는 동양사강좌에 수록된 『조선 미술사』 35-36쪽을 참조했다고 하면서, 강서 대묘의 벽화에 관한 세키노의 학설을 다음과 같이 소개했다.

그 준경(遒勁)한 필치와 웅휘(雄渾)한 기상은 당시 회화 발달의 이상(異常)함에 놀라지 않을 수 없다. 이 모든 벽화와 장식이 좁은 입구로 흘러 들어오는 약한 광선에 비추어 꿈과 같이 떠오르는 광경은 신운(神韻)이 표묘(縹緲)하여 유완(幽婉)을 극(極)한 것이다.

홍순혁은 강서 중묘에 대해서도 주목했다. 그는 중묘에 관해 "대묘(大墓)에 지지 않는 웅휘위려(雄渾偉麗)의 기상을 발휘한 기공(技工)을 베푼 것이라 합니다."라고 평가했다. 그리고 조선사강좌에 수록된 조선 미술사 49쪽을 참조했다고 밝히면서 세키노가 언급한 "이 모든 회화는 현금 동양에서 알려진 최고의 실례(實例)로서 일본이나 중국에서나 도무지 유례를 볼 수 없는 귀중한 표본이다"라는 부분을 재차 인용했다. 이렇듯 세키노의 학설은 식민지 조선 지식인에게도 학술적 논거로 제시된 것이다.

1935년에는 각저총, 무용총, 모두루총, 환문총, 통구사신총 등이 일본인 학자들에 의해 조사 및 보고되었고, 1936년 내리1호분, 고산리1호분이 1937년에는 고산리9호분에서 벽화가 발견되었다. 1937년에는 통구12호분이 확인되었다.[321] 이 고분에는 포로참수도가 있어 유명하다. 포로참수도는 북분 널방 왼쪽 벽에 있다. 이 그림은 "투구, 갑옷, 환두대도 등 당시 전투복을 잘 보여주며 무릎을 꿇은 적장의 목을 막 베려고 칼을 든 장수의 모습이 생동감 있게 그려져 있다."[322]라고 평가된다.

1935년 6월 19일 자 『조선일보』의 기사에 따르면[323] 세키노는 "일본 고고학계의 권위자 동경제대 교수"로 소개되었다. 그리고 그의 학술 일정에 관해 "만주국 집안현의 고구려 유적을 조사하기 위하여 지난 14일 안동에

321 전호태, 2004, 『고구려 고분벽화의 세계』, 서울대학교출판부, 89쪽.

322 기획편집위원회편, 2009, 『고구려 유적의 어제와 오늘』, 동북아역사재단, 283쪽.

323 「대안 집안현성은 고구려 왕궁지」, 『조선일보』, 1935.6.19, 2면.

도착하였는데, 그의 말에 의하면 만주는 고고학적으로 귀중한 재료가 풍부한 곳인데 특히 집안현에는 고구려의 유적이 있으리라는 생각으로 연전(年前) 이곳을 답사할 결과 상상하던 대로 고분과 기타 다수의 유적을 발견하였다."라고 보도되었다.

또한 『조선일보』는 고구려 유물의 특징에 관해 "집안현의 유적은 동양 최고의 것만은 아니요, 여순과 대련의 중간에 있는 영성자의 고분이 제일 최고이요, 집안현은 그 다음이다. 영성자의 것은 후한 초기이며 기원 후 1세기경의 것이요 집안현의 것은 고구려가 평양으로 천도하기 이전의 것임으로 일천 오백년 전의 것이 될 것은 확실하다."라고 해서 회화 그림 가운데 가장 오래되었음을 강조했다.

그러면서도 같은 글에서 고구려 수도였던 집안현에서 일본인의 조사 활동을 비판적으로 보았다. 『조선일보』는 "이곳에서 귀중하고 이상한 고물, 기와 등을 수집하여 말에 여덟 바리를 도쿄로 실어갔고, 금번에도 이런 것을 수집할 터인데 집안현은 고고학의 참고 재료가 비상히 많음으로 교통만 조금 편리하게 되면 학자의 왕래가 빈번할 터임으로 고분 지대를 엄중히 보호하여 고분의 벽화나 기타 보물들을 잃지 않도록 하여야 될 것이라 한다."라고 보도했다.

이후 1941년에 전(傳)동명왕릉 근처의 진파리1호분과 진파리2호분이 조사되어 외부에 알려졌다. 일제강점기에 조사된 16기의 벽화고분 가운데 10여기에 대해서는 모사도 등의 벽화의 내용이 정리되어 발표되었다.[324]

324 전호태, 2004, 『고구려 고분벽화의 세계』, 서울대학교출판부, 84~86쪽.

이상에서 살펴보았듯이 고구려 능묘에 관한 세키노의 전반적인 입장은 "석총은 … 고구려 특유의 것으로 볼 수 있다. 중국에서는 이러한 고분을 찾아볼 수 없다. … 우리들은 이 고분들의 유물을 보면서 중국에서 이미 사라져 버린 북위 이전의 예술 양식을 엿볼 수 있다."[325]라는 점에서 확인된다. 거듭 그는 고구려의 고분벽화 속에서 중국의 영향을 찾았으며, 동양미술사와 관련된 예술적 가치에 주목한 것이다.

> 이것들이 지금부터 약 천삼백오십 년 전 내지 천사백 년 전에 속하는 것이니, 이에 의해서 고구려 시대 문화의 성질과 예술발달의 상태를 알 수 있으며, 이것들이 당시 지나 예술의 감화를 입은 것이 크니, 남북조시대 혹은 그 이전의 양식의 연구에 참고 자료가 되고 또 우리 아스카 시대 공예의 근원이 되는 곳을 알기에 족하다. 특히 이러한 육조시대 회화의 대작은 지금 중국에 있어서도 발견되지 않으니 실로 동양 최고(最古)의 회화로 칭할 수밖에 없고, 이 고분에 있어서의 구조 수법과 함께 동양 건축사, 예술사상 커다란 광명을 우리에게 기여하는 것으로 말할 수밖에 없다.[326]

세키노의 고구려 벽화 연구에 관해 연대 고증 문제에 관한 반론이 제기되었다. 북한에서 활동했던 김용준은 1958년에 고구려 벽화에 관해 전체적으로 다룬 책을 출판했다. 그는 고분의 시기 구분과 관련해서 "세키노 타다시는 삼실총의 운문을 기미명(祁彌明) 화상석 횡대(橫帶) 운문(雲紋)에 비교하고, 이 화상석의 인물 형식은 고개지의 〈여사잠도(女史箴圖)〉의 회화 형식

---

325 관야정, 심우성 역, 2003, 『조선미술사』, 동문선, 116~117쪽.
326 관야정, 1941, 『조선의건축과예술』, 409~410쪽.

이 같다는 점에서 동진 말경(기원 400년대)으로 보았으나, 그것은 속단인 것 같고 좀 더 시대를 올려 보아야 할 것"[327]이라고 해서 학설상의 차이를 주장했다. 같은 글에서 그가 이해한 고구려 벽화에 관한 세키노의 학설은 다음과 같다.

〈세키노의 고구려 벽화 시기 구분과 특징〉

시기	해당 고분	특징
초기(1,500년 전)	통구의 산연화총·구갑총·미인총, 노산리 개마총, 호남리 사신총, 화상리 간신총, 성총	"중국의 영향의 영향이 많고 고졸생경(古拙生硬)하다"
중기(1,400~1,500년 경)	천왕지신총, 간성리 연화총	"사실(寫實)의 묘미를 발휘하고 섬세한 필치로 풍속 인물을 표현했다."
후기(1,350년 전)	우현리 삼묘(강서 고분)	"극도로 발달하여 줄기찬 선조를 자유로 구사하면서 사실을 초월하여 사의적(寫意的)으로 되었으며 신운(神韻)의 표묘(縹眇)하다."

고구려 고분벽화 연도와 관한 세키노의 주장에 대해 김용준은 "매산리 사신총을 최고 연대로 보는 데는 고유섭을 제외한 여러 사람이 견해가 일치하게(오직 리여성의 4세기 설을 제외하고는) 5세기 전반 혹은 후반으로 보고 있다. 호남리 사신총은 나이토와 세키노만이 다소 높은 연대로 보고 강서 고분들은 대개 7세기 초 · 중으로 보는데, 리여성만이 약 백 년을 올려 6세기 상반으로 본다."[328]라고 밝혔다. 이렇듯 고구려 고분의 조성 방식에 관해 다양한 학설이 존재했다.

---

327 김용준, 1958, 『고구려 고분벽화연구』, 과학원출판사; 김용준, 2001, 『근원 김용준 전집』 4, 열화당, 96쪽.
328 김용준, 1958, 『고구려 고분벽화연구』, 과학원출판사; 김용준, 2001, 『근원 김용준 전집』 4, 열화당, 132쪽.

고구려의 무덤 양식으로 흙으로 쌓는 봉토분과 돌로 쌓는 석축분이 존재했다. 그런데 당대 학자들 사이에 시기적으로 석축분이 앞선 것에는 동의하나, 봉토분과 석축분의 공존 여부에 대해 다른 의견이 존재했다. 김용준은 같은 글에서 "봉토분과 석축분이 통구시대부터였다고 보는 이가 세키노와 고유섭이고, 봉토분은 평양 천도 후부터 발생하였다고 보는 이는 이케우치와 나카무라 두 사람이다."라고 밝혔다.

김용준은 같은 글에서 구체적으로 "거의 모든 학자들이 봉토식보다는 석축 형식이 선행한 것이라는 데 의견이 일치되었다. 그러나 석축 형식에서 봉토 형식으로 전변되는 기간에 대하여는 약간의 논의들이 계속되었다. 즉 석축 형식이 주로 많이 분포된 것은 국내성을 중심으로 하고 압록강을 사이에 둔 지역이라는 관점에서, 대개 석축 형식은 고구려의 평양 천도 이전 시기에 성행한 것으로 본다. 그러나 봉토고분도 통구 시대부터 병존하였다고 보는 세키노 타다시의 견해에 대하여, 이케우치 히로시는 고구려의 평양 천도를 계기로 석축분 시대와 봉토분 시대는 엄격히 구분되어야 한다고 말했다."라고 밝혔다.

그러면서 자신의 입장은 "석축분 시대가 반드시 통구 방면에서 끊어졌다고는 보기 어려우며, 평양 천도를 전후하여 석축분 양식은 점차 봉토분과 합류되고 봉토분은 또한 천도 이전부터 생긴 것으로 보아야 할 것이다."라고 주장했다. 국내성 시절과 평양성 시절에 석축분과 봉토분이 공존했다고 본 것이다.

또한 해방 이후 고구려 벽화에 관해 일본인 학자들의 평가보다 적극적인 측면이 계승되었다. 김용준은 고구려 벽화가 기본적으로 "회화는 현재 동양에 알려져 있는 최고(最古)로, 일본이나 중국에서 유례를 찾아볼 수 없는 귀중한 표본"이라고 규정했다. 그러면서 고구려 벽화에 관해 "이 벽화들은 중국의 영향을 받은 것이지만, 그것도 얼마 되지 않는 흐름만을 받아들였을 뿐 매우 단아하고 강인한 필치로 이루어져 있다."라고 강조했다. 모방에 관한 일본인 학자들의 의미 부여를 부정한 것이다.

구체적으로 쌍용총 벽화에 관해서는 "인물이 타고 있는 말과 수레를 달고 있는 소는 일본의 옛날 도사(土佐)의 그림에서 볼 수 있는 것처럼 필의(筆意)가 웅건한 정취를 보이며 사생의 절묘함을 나타내고 있다."라고 보았으며, 우현리 대묘의 사신도에 관해서는 "규모가 웅상하고 구도가 뛰어나다. 굵고 섬세한 선을 자유롭게 구사하여 … 웅혼하고 호쾌한 기상을 발휘하고 있다."라고 보았다. 오늘날에도 고구려 고분 속의 벽화는 다양하게 해석되고 있다.

조선 탑 양식 논의

세키노는 조선의 탑 양식을 분황사탑 → 정림사지탑 → 미륵사탑 · 왕궁리탑(신라식) 등으로 설정하고 있다. 그리고 미륵사탑은 삼국시대 말기로 분류하고 있다. 미륵사지 석탑은 "최고(最古), 최대의 석탑"이며, 왕궁탑을 "5층 석탑으로 전자에 비하면 작지만 그 형식으로 보면 거의 같은 시대에 이루어졌을 것"으로, 충주 7층 석탑은 '당대 초기에 이루어진 대작이며 걸작'이라고 보았다. 세키노가 이들 탑 모두를 통일신라 시대로 분류하였는데,[329] 이러한 세키노의 학설은 고유섭과 크게 달랐다.

고유섭은 익산 미륵사탑에 관한 소개에서 "개창이 백제 무왕 때에 속하는 것이라 하나(「삼국유사」) 일설에는 신문왕대 신라의 창건이라고도 한다."[330]라고 세키노의 설을 인용했지만, 조선의 석탑에 관한 세키노의 학설을 항상 인정한 것은 아니었다.

이러한 점은 같은 글의 다음과 같은 표현에서 확인된다. 고유섭은 익산 미륵사탑에 관해 "개창이 백제 무왕 때에 속하는 것이라 하나(「삼국유사」) 일설에는 신문왕대 신라의 창건이라고도 한다."[331]라는 세키노의 학설을 인용하면서 동시에 "현존 조선 최대의 석탑인 미륵사의 탑을 보건대, 이는 필자가 백제신라식이라 한 바와 같이 백제가 멸망한 후 약 십년 즉 문무왕 14년에 고구려 종실 안승이 문무왕의 매희(妹姬)를 취하여 일시 호화로이 있었으니 탑파는 당대의 소건(所建)"[332]이라고 이해했다.

일제강점기 미륵사지 3층 석탑에 관해 다양한 학설이 존재했다. 『삼국유사』에는 백제 무왕 때 만들었다고 기록되어 있다. 고유섭에 따르면 이 탑의 건립 연대에 대한 다양한 이론이 있다고 하면서 "세키노 타다시는 전설 중에 진평왕이 견백공지공(遣百工之功)이라 하는 것을 역사 사실상 착오된 전설이라 해, 이것을 고구려 말년에 보덕(報德) 안승왕(安勝王)이 신라의 봉작(封爵)을 받고 이 땅에 내왕하게 되었을 적에 조영한 것이라 했다. 그러나 그의 제자인 후지시마 가이지로(藤島亥治郎)는 그 유지(遺址)를 탐색한 후 가

329 관야정, 심우성 역, 2003, 『조선미술사』, 동문선, 172~173쪽.

330 고유섭, 『우당 고유섭 전집』 6, 열화당, 2010, 75쪽. 이 책의 부제는 『조선건축미술사 초고』이다.

331 고유섭 (미발표원고), 『조선건축미술사초고』; 『고유섭전집』 2, 75쪽.

332 고유섭 (미발표원고), 『조선건축미술사초고』; 『고유섭전집』 2, 97쪽.

람의 배치제도가 백제 가람방식을 엄수한 점에서 사지는 전설대로 백제 때의 경영으로 보나 탑파만은 후대의 것, 즉 세키노 타다시가 말하는 시대의 것이라 했다."라고 이해했다.

세키노는 미륵사탑에 대해 삼국시대 말 고구려의 안승이 익산에 거주할 때 지은 것으로 보았으며, 그의 제자 후지시마도 이러한 입장을 따르면서 익산 미륵사는 백제의 가람 양식을 따른다고 보았다는 것이다. 고유섭은 같은 글에서 세키노 타다시가 이것을 신라(통일?) 초의 탑이라 한 것은 건축 양식에서 찾았는데, 이러한 접근은 "신라의 고유한 것이라 하여 백제에는 없다는 것이 우스운 논리"라고 비판했다.

익산 미륵사탑에 관한 고유섭은 "이 모든 전설적 요소를 무시하고 실제 형식에서 논단한다면 그것은 신라의 영향을 받은 백제의 탑"이라고 보았다. 그리고 "더욱이 최근에 그곳에서 백제 시대 와당이 다수 발견된 까닭에 백제탑으로 간주하는 사람이 많아졌다. 이 문제는 멀지 않아 가을날같이 맑게 해결이 될 것"[333]라고 주장했다.

구체적으로 세키노 학설에 비판적인 접근은 조선의 탑에 대한 고유섭의 연구에서 확인할 수 있다. 특히 고유섭의 대표적인 저작물인 「고려탑파의 연구」는 1936년, 1939년, 1941년 각각 3 차례 연재되었는데, 이 기간 동안 세키노의 학설에 대한 견해 특히 미륵사탑에 대한 견해가 바뀌었다.

고유섭의 조선 미술사에 대한 구상이 담겨있는 미발표 원고인 『조선건축미술사 초고』에서는 미륵사 석탑에 관해 "논자에 따라 이 층대 받침은 전

333 고유섭, 『우당 고유섭 전집』 1, 열화당, 2007, 198~199쪽. 이 책의 부제는 『조선미술사 상-총론편』이다.

탑 형식에서 비로소 생긴 것으로 신라 분황사탑의 영향같이 말하나, 그러나 이만치 큰 석탑의 헌개(軒蓋)를 처리하자면 그러한 영향이 없더라도 이렇게 처리할 수밖에 없는 즉, 이 형식은 오히려 이탑에서 시용(試用)된 것으로 봄이 가할 듯하다"라고[334] 밝혔다.

또한 같은 글에서 "글의 전후 관계로 보아 이는 신라 초기 안승왕의 조영이라 하고, 같은 터에 있는 육층 서탑(西塔)의 수법이 이를 설명하는 것이라고 하지만 그러나 이는 역시 의문이다. … 미륵사는 사찰 배치법에 있어 엄연한 백제의 칠당가람제를 엄수한 점에서 백제 고찰의 유지임이 틀림이 없다한다."라고 언급하고 주에서 앞은 "세키노 다다시 박사의 설"이라고 표현하고 뒤는 후지시마 가이지로(後藤亥治郎) 박사의 설이라고 언급하고 있다.[335]

결론적으로 미륵사탑에 관해서도 세키노가 신라의 것이라고 본 것에 비해 고유섭은 백제의 것이라고 보았다. 고유섭은 미륵사탑에 관해 "전설상으로도 이 미륵사지 탑의 창건이 백제의 무왕 시대(660~640)에 있었다고 하는데, 나의 양식론에서 말하여도 대체로 그것으로 옳다고 생각한다."라고 밝혔다. 그리고 백제에서 발생한 목조탑파 양식은 이후 "신라의 반도 통일을 계기로 하여, 이 양자의 종합적인 것으로서 고선지탑이나 감은사지탑이 성립되었다고 말할 수 있다."라고 보았다. 오늘날 익산 미륵사석탑은 백제를 대표하는 석탑으로 알려져 있다.

한편 1936년과 1939년에 발표된 고유섭의 「조선탑파의 연구」에 학설상

334 고유섭 (미발표원고), 『조선건축미술사초고』; 『고유섭전집』 6, 30쪽.
335 고유섭 (미발표원고), 『조선건축미술사초고』; 『고유섭전집』 6, 56~57쪽.

큰 차이가 있다. 1936년의 글에서는 미륵사탑을 삼국시대 말 신라의 것으로 안승의 사례와 연결시킨 세키노의 설을 인정했다. 그런데 1939년의 글에서는 정림사지탑과 미륵사탑 사이의 세키노 학설에 대한 긍정과 비판적 접근이 이루어지고 있다. 그리고 1941년 6월의 「고려탑파의 연구」에서는 선명하게 조선의 탑파의 기원과 역사에 관해 미륵사탑과 왕궁리석탑이 백제식이며 이후 정림사지탑이 조성되었다는 자신의 입장을 수립했다. 이점은 1943년에 문부성 교학국의 『일본제학연구보고』 제21편에 수록된 「조선탑파의 양식변천」에 선명하게 나타난다.

고유섭은 백제의 탑으로 정림사지탑과 익산 미륵사탑을 언급했다.[336] 그리고 "조선에서 연대적으로 가장 오래된 것이며 작품으로서도 우수한 것으로 일반에게 널리 알려져 있는 것은 부여 정림사지탑 속칭 '평제탑'이다. … 그런데 이와 같은 작품은 돌연히 출현하지 않는다. 그곳에는 반드시 이 정림사지탑에 선행한 것이 있어야만 한다. 이 선행적인 작품을 나는 익산 미륵사지 다층석탑이라고 말하는 바이다."라고 해서 미륵사탑에서 정림사지탑으로 이어졌다고 보았다.

이러한 기준점을 세우면, 세키노의 학설에 대해서도 1948년에 을유문화사에서 출판된 「조선탑파의 연구」 안에서도 시간적 차이에 따라 서술 내용을 분석할 수 있다. 『조선탑파의 연구』에서는 익산 왕궁리 일명사지 오층석탑에 대해 다음과 같이 밝혔다.

336 고유섭, 「조선탑파의 양식변천」, 『일본제학연구보고』 제21편, 문부성 교학국, 1943; 『고유섭전집』, 3~4, 301~307쪽.

① 이 탑의 연대적 위상을 정할 때, 일찍이 세키노 박사는 그 양식상 통일 초기라고 하였다. 그러나 그 양식의 개념은 명료하게 제출된 곳이 없었던 듯하다. … 이곳에 이르러 생각되는 것은 일찍이 세키노 박사가 다룬 미륵사탑의 세대 결정에서의 의견이다.[337]

② 필자는 미륵사탑은 분황사탑과 같이 놓아서 부여탑에 선행시켜서 좋을 것임, 따라서 백제 무왕대로 보아 좋을 것을 이미 총설에서 논증하였다. … 결국 역사적인 인연이 있다고 한다면 이것은 세키노 박사가 말한 바 있는 보덕국왕 안승의 궁지(宮趾)로서 인정될 수 있다고 생각한다. 따라서 이 왕궁리의 탑이란 것은 그 지점 및 유물뿐만 아니라 탑파 그 자체가 지니는 양식적 특질에서, 이 안승왕에 관계있는 것으로 보인다.[338]

미륵사에 대해 무왕대의 것으로 보아도 좋다고 했지만 왕궁리 탑을 삼국시대 말 안승과 연결시켰다. 미륵사탑과 왕궁리사지 5층석탑에 관해 고유섭은 잡지 『국화(國華)』에 실린 세키노의 설을 소개했다. 이글에서 그는 "박사는 왕궁평탑과 미륵사탑을 전혀 동일 수평에 두고 논하고 있으나 필자는 이미 동일 수평에 이를 둘 수 없음을 논증하였고, 또 다시 박사는 양식상 이 두 탑이 정림사지탑에 앞설 수 없는 것으로 논리를 전개시켰으나 이 점에서도 필자는 그렇지 아니할 것을 입론하였고 … 여기에 입각한 박사의 의견에는 여러 가지 점으로 보아 난색이 있는 것"[339]이라고 비판적 입장을 취했다.

이상의 내용을 고유섭의 입장에서 정리하면 세키노는 미륵사지석탑의 창건 연대를 추정할 때, 보덕국 안승왕의 건립으로 보았다는 것이다. 그리

337 고유섭, 『조선탑파의 연구』, 을유문화사, 1948; 『고유섭전집』 4, 409쪽.
338 고유섭, 『조선탑파의 연구』, 을유문화사, 1948; 『고유섭전집』 4, 411~412쪽.
339 고유섭, 『우당 고유섭 전집』 3, 열화당, 2010, 111쪽.

고 세키노의 학설과 달리 고유섭은 『조선의 석탑파』라는 글에서 미륵사지 석탑에 관해 "분황사탑보다 이 년 이전, 대다평백제탑(정림사지 5층석탑 - 인용자)보다 이십팔 년 이전에 있어야 한다. 과연 그렇다고 하면 참으로 오늘날 조선에 유전(遺存)하는 최고의 건축물이 될 것이다."라는 주장했다. 결국 미륵사지의 석탑을 분황사탑이나 부여 백제탑보다 앞선 시기에 세워진 것으로 볼 수 없다는 세키노의 주장에 고유섭은 반대한 것이다.

불국사와 석굴암 인식

신라의 분황사탑은 한국 탑 양식의 기원을 이룬다. 그래서 세키노도 이를 중요시했다. 그는 분황사탑에 관해 "최근 총독부에서 이 탑을 수리할 때, 2·3층 중간에서 돌함을 발견하였다. 그 속에서 다수의 곡옥 · 관옥 · 환옥(丸玉) 종류와 남북조 양식을 띠고 있는 투조 장식 금구, 그리고 가위와 침통 등이 나왔다."[340]라고 밝혔다.

고유섭도 이러한 주장에 관해 "세키노 타다시 박사는 이 분황사탑의 구조가 중국 섬서성 서안부에 있는 천복사의 소안탑과 유사하고 감쇄도가 약간 많은 점은, 같은 서안부 자은사 대안탑과 유사하다고 말하였다(『조선의 건축과 예술』 555~667쪽)."[341]라고 밝혀 세키노의 저서를 논거로 활용했다. 반면 박종홍은 이 탑에 관해 "고구려의 고분 장군총에서와 백제의 석탑 미륵

---

340 관야정, 심우성 역, 2003, 『조선미술사』, 동문선, 159쪽.
341 고유섭, 『우당 고유섭 전집』 3, 열화당, 2010, 240쪽.

탑에서 보았던 즉 삼국시대 건축의 특색인 침착, 안고(安固)하며 웅대, 기발한 장미(壯美)를 표현하도다."[342]라고 해서 삼국시대 신라로 대표되는 석탑으로 평가했다.

1920년대 초반 권덕규는 경주를 방문해서 다음과 같은 느낀 점을 밝혔다.[343] 그는 당시 불국사를 "불국사역에서 10리도 못되는 곳 토함산 남쪽 기슭을 보면 무너지고 허술한 절"이라고 보았다. 그리고 불국사의 유명한 두 탑 다보탑과 석가탑에 관해 "석굴암과 아울러 천하의 절보(絶寶)"라고 평가한 세키노의 설명을 인용했다.

권덕규가 세키노의 설명 가운데 주목한 것은 다보탑, 석굴암의 독자성, 유일성이었다. 그는 석굴암과 다보탑에 관해 "비슷한 건축조각이 인도나 당(唐)에 없는 것이요 있다 하더라도 거기의 것은 이것과 같이 정교하지 못할 뿐 아니라 그 의장(意匠)은 오직 조선 사람의 생각으로 만들어 낸 것이며 설령 이와 비슷한 것이 인도(印度)나 중국에 이것보다 먼저 된 것이 있다 하더라도 이것은 조선 사람의 손으로 된 것이매 이것들이 조선의 보배가 되는 동시에 또한 세계의 보배"라고 보았다.

구체적으로 각 유물에 관한 세키노의 학설을 계속해서 소개했다. 다보탑에 관해서는 "형태가 수려하고 기상(奇想)이 종횡 치밀하여 화강석을 가지고 나무를 맘대로 말라 만들 듯이 정교한 수공(手工)을 베풀었다."라고 소개했으며, 석가탑에 관해서는 "수법이 간단하나 규모가 크고 권형(權衡)이 득의(得宜)하야 매우 우미(優美) 경쾌한 특질"이 있다고 보았다.

342 박종홍, 「조선미술의 사적 고찰」(11), 『개벽』 33, 1923.3, 5쪽.
343 권덕규, 「경주행」, 『개벽』 18, 1921.12, 7~8쪽.

계속해서 불국사 범영루(泛影樓)와 불국사의 석등에 관해 지적했다. 법당 앞에 있는 석등에 관해서는 특히 "보기에 변변치 아니하나 그렇게 경쾌하고 아름답게 만들기는 참 어려운데 일본에는 오직 저와 비슷한 것이 나라(奈良) 당마사(當麻寺)에 하나 있을 뿐"이라고 강조했다. 불국사 석등이란 유물에서 한국과 일본의 예술적 능력이 대비된 것이다.

이렇게 자세하게 세키노의 설을 인용한 이유는 무엇일까? 글의 마지막 부분에서 권덕규의 속내가 드러난다. 그는 "우리는 공학(工學)의 지식이 아주 어두운 지라 무슨 의론(議論)할 것이 없거니와 그 박사의 침이 말라하는 설명에 어깨가 으쓱하였다."라고 밝혔다. 일본인 학자의 조선 예술품에 관한 높은 평가는 조선 문화와 역사에 관심이 높은 조선인 지식인에게도 중요한 논리적 근거로 활용된 것이다.

통일신라 시대를 조선 예술의 원숙기로 본 세키노는 불국사를 강조했다. 불국사에 관해서는 "당시에 창립된 가람으로 옛날의 제도를 가장 잘 알 수 있는 곳은 불국사이다. … 가람의 배치를 보면 모두 당나라의 구조를 본받은 것으로, 일본 나라 시대의 가람과 흡사하다. 단 앞면에 최고의 기교를 드러내고 있는 석탑, 돌계단은 중국이나 일본에서도 그와 비교할 만한 것이 없다. 아마 신라 건축가의 창의에서 나왔을 것이다."[344]라고 강조했다. 조선적 창조성을 지닌 이 건물은 세키노에 의해 동양적 가치란 차원에서 확장되어 의미가 부여되었다.

344 관야정, 심우성 역, 2003, 『조선미술사』, 동문선, 169~170쪽.

> 이 건물에는 이미 앞의 왕궁 부문에서 언급했던 것과 같은 제반 특색이 보인다. 즉 간결함과 강하게 부각되는 미적 감각, 비례와 좌우대칭성의 감각 등인데, 이 점에서 불국사를 뛰어 넘는 불교사원은 동양 전체를 통틀어도 별로 없을 것이다.[345]

세키노는 불국사의 다보탑에 대해서는 "다보탑은 형태가 빼어나고 구조의 기교를 엿볼 수 있어서 실로 한반도에 남아 있는 이러한 종류의 건조물 중 가장 걸출한 것 … 형태의 수려함과 균형미는 중국의 형식이 아니라 신라 특유의 새로운 면모를 나타내는 것"[346]이며, 석가탑에 대해서는 "수법은 간단하나 규모가 크고 균형을 이루고 있어서 매우 우아한 기상을 드러내고 있다. 또한 이런 종류의 탑파 가운데 가장 대표적인 것이다."[347]라고 평가했다.

한편 불국사의 사리탑에 관해 고유섭은 세키노의「불국사 사리탑」기(記)란 글을 인용했다.[348] 고유섭은 세키노를 '사계(斯界)의 권위'를 지닌 공학박사로 소개했다. 그러면서 그의 글을 인용한 이유에 관해서는 "탑의 외형, 세부, 예술적 가치 등에 걸쳐 이같이 상세하게 서술하고 잘 요약함을 얻은 적절한 문자를 다른 글에서 보기 어려우므로 이곳에서 사리탑이 어떠한 것인가를 먼저 이해하기에 편하게 하기 위하여 긴 문장임을 무릅쓰고 감히 인용하는 바"라고 밝혔다. 그의 학문적 권위를 빌려 불국사 사리탑이 지닌

---

345 안드레 에카르트, 권영필 옮김,『에카르트의 조선미술사』, 2003, 열화당, 65쪽.
346 관야정, 심우성 역, 2003,『조선미술사』, 동문선, 174쪽.
347 관야정, 심우성 역, 2003,『조선미술사』, 동문선, 174쪽.
348 고유섭,『우당 고유섭 전집』2, 열화당, 2007, 119~120쪽. 이 책의 부제는『조선미술사 하-각론편』이다.

예술적 가치를 소개한 것이다.

고유섭은 불국사 사리탑의 사례를 통해 "당시 신라예술의 발달이 얼마나 굉장했던가"를 확인할 수 있다고 보았다. 그렇지만 세키노의 인용에서 그친 것은 아니었다. 그는 세키노의 학설 가운데 "다만 애석한 것은 결론에 이르러 이 사리탑을 가리켜 '신라 중기의 특색을 발휘하고 있다'고 했으나, 그 중기란 것의 연대적 또는 세대적 한계가 불명료할 뿐만 아니라 중기의 특색으로서 열거한 '아름다운 권형', '우아한 조식', '세련된 기공' 등 모두가 다 추상적이며 주관적이어서 아직 구체적 요건이 될 수 없다."라는 비판적인 입장을 내세웠다. 조선인에 의한 독자적인 조선 예술과 문화 연구의 필요성을 제기한 것이다.

박종홍도 삼국시대 신라의 문화를 높게 평가했다. 그는 "고(古)신라 시대의 조각가는 삼국미술상 하나의 이채를 덧붙였으니 그 간소한 수법은 미륵불이라는 제재가 유원(悠遠)한 미래를 상상케 하였음과 같이 오히려 묘기의 남음이 있음을 암시하며, 삼국시대 민인(民人)의 원대한 포부를 가히 추상함에 족할지라. 또한 고(古)신라 시대의 조각이 장차 원숙기를 열어가는 절묘한 열쇠와 자물쇠를 지니게 되였음이 우연의 일이 아니었다 할지로다."[349] 라고 보았다.

쇠락했던 불국사와 달리 석굴암은 상당히 오랜 기간 기억 속에서 묻혀 있다가 일제강점기 초반 일본인 경주 우체국 관계자에 의해 재발견되었다. 석굴암은 조선 시대에 잘 관리되지 못했다. 일제강점기 조선총독부에 의해

349 박종홍, 「조선미술의 사적 고찰」(12), 『개벽』 35, 1923.5, 69쪽.

수리되었는데 이러한 유적·유물의 수리에 대한 비판도 존재했다.

야나기 무네요시는 "근년에 이르러 그와 같은 상태에 있는 석불사를 수복한 것은 총독부였다. 그 중수(重修)는 1913년 10월에 시작되어 1915년 8월에 준공되었다. 할 수 있는 데까지 해체 공사를 하여 위치를 바로잡고 석재를 보충했으며 외면은 콘크리트로 영구보존을 기하도록 했다. 이 안(案)에는 세키노 박사도 직접 관여했고, 주로 이이지마(飯島) 기사의 감독하에 공사가 진행되었다. … 오늘날 수리라는 이름 아래 새로운 모독을 받은 것이다. … 나는 파손된 채로 있던 당시의 사진과 수리 뒤의 사진을 보고 예술을 모르는 죄 많은 과학의 행위를 증오하지 않을 수 없다"[350]라고 비판했다.

석굴암의 본존불을 포함한 여러 조각 작품에 관해 세키노는 『조선 미술사』에서 "얼굴의 생김새가 단아하고 엄정하며, 의상의 문양 수법 역시 흐르는 듯 화려하고 건강한 정신을 담고 있다. 현재 조선에서 가장 우수한 조각으로서, 당시 중국이나 일본의 작품에는 이와 견줄 만한 것이 없다. … 석굴의 구조가 신라 특유의 고안으로 이루어졌다는 점은 이미 앞에서 논하였다. 이들 조각은 당나라 형식의 영향을 받았으나, 단순한 모방에 그치지 않고 고유한 특질을 충분히 발휘하였음을 알 수 있다"[351]라고 평가했다.

거듭 석굴암에서 조선 고유한 특질에 주목한 것이다. 세키노는 인공 석굴인 석굴암에 관해 "궁륭형 천장을 구축하였고, 중심석에는 웅장하고 화려한 연꽃이 새겨져 있다. 그 모양의 기이함, 구조의 신묘함은 일본은 물론 중

350 야나기 무네요시, 「석불사의 조각에 대하여」, 『藝術』, 1919.6; 이길진옮김, 1994, 『조선과 그 예술』, 신구, 122~123쪽.

351 관야정, 심우성 역, 2003, 『조선미술사』, 동문선, 196쪽.

국에서도 견줄 만한 것이 없다."라고 보았다. 본존불에 관해서는 "석굴의 중앙에는 연꽃 장식을 한 돌받침 위에 석가여래좌상이 안치되어 있다. 높이가 약 2.7m로서, 무엇에도 비할 수 없는 걸작품"[352] 이라고 높게 평가했다.

세키노의 『조선 미술사』에서는 신라 시대 경주의 능에 대한 언급도 많았다. 괘릉에 관해서는 "분묘의 호석 · 돌난간 · 석상 등은 신라 고유의 형태인 듯하다. 호석인 12지신상의 웅혼함과 석인(石人) · 석수(石獸)의 수법으로 볼 수 있는 화려하고 호방하며 건강한 기상은, 실제로는 초기 당나라 예술의 정밀하고 고상함 속에서 나왔을지라도 다소 신라 고유의 특색을 드러내고 있음을 알 수 있다."[353]라고 밝혔다.

성덕왕릉에 대해 "분묘의 네 모퉁이에 돌사자를 배치하여 분묘를 수호하는 형상을 이루고 있는 것은, 당나라 형식에서 변화하여 조선식 배지의 효시가 된 것"[354] 으로 설명했다. 그리고 흥덕왕릉에 관해 "이 왕릉은 통일신라 시대 후기의 것으로서, 제도가 점차 완비되어 고려 · 조선 시대 능묘의 표준이 되었다. 그러나 형상의 형식과 수법이 약간 섬약하게 흘러 신라 예술의 쇠퇴를 읽을 수 있다."[355]라고 보았다. 통일신라 시대란 예술적 황금기가 조선 미술의 쇠퇴기와 연결될 수 있음을 강조한 것이다.

조선 예술사에 관한 체계적인 정리는 쉽지 않았다. 한 사례로 1920년대 전반 고대부터 조선 시대까지 통사적으로 조선의 미술사를 정리하고자 했다. 박종홍은 뒷날의 회고에서[356] "한때 나는 미술사에 몰두하여 우리 미술

---

352 관야정, 심우성 역, 2003, 『조선미술사』, 동문선, 179~180쪽.
353 관야정, 심우성 역, 2003, 『조선미술사』, 동문선, 191쪽.
354 관야정, 심우성 역, 2003, 『조선미술사』, 동문선, 192쪽.
355 관야정, 심우성 역, 2003, 『조선미술사』, 동문선, 194쪽.

사를 쓰기로 결심한 적이 있었다. … 그것이 1921년 4월호부터 12회에 걸쳐 『개벽』에 연재되었다. 「조선 미술사 미정고」 였다."라고 밝혔다. 스스로 정성을 다해 준비하고 집필했다고 하지만 서술은 통일신라 시대에서 그치고 말았다. 같은 글에서 그 이유에 관해 다음과 같이 밝혔다.

> 내 스스로는 모든 정성을 다 하느라고 하였다. 통일신라 시대에서 그만두고 말았다. 그러나 나의 우선 미술사는 석굴암을 설명할 수 없는 나 자신의 부족함을 느끼자 지속할 용기가 없어지고 말았다. 조석으로 뒤바뀌는 석굴암의 광선 관계의 오묘함을 내 능력으로서는 정확히 설명하기가 어려웠던 것이다. 뒷날 일본 사람 야나기(柳宗悅)가 그의 『조선과 그의 미술』이라는 저술에서 이 석굴암의 광선 관계를 상당히 세밀히 고찰한 바 있다. 나는 그의 치밀함에 탄복했다. 그리고 섣불리 석굴암 설명을 하지 않은 나의 행동을 잘했다고 생각한다.

석굴암에 관한 야나기 무네요시의 글을 읽고 그를 넘어서지 못할 것이라는 자신의 한계를 지적했다. 이러한 석굴암에 관해 세키노는 『조선 미술사』에서 "북위 · 수 · 당나라 사이에서 행해진 중국의 석굴을 모방한 것이다. 그러나 중국의 석굴은 단단한 암벽을 뚫고 그 내부에 불상을 조각한 것인데 반하여, 이것은 화강암을 사용하여 석굴을 축조하고 그 위에 흙을 덮어 마치 자연 석굴처럼 만든 것이다. … 이런 종류의 석굴은 중국에서는 볼 수 없고 완전히 신라 장인들의 창의로 이루어진 것이라서 당시의 발달된 건축술에 놀랄 따름이다."[357] 이라고 보았다. 세키노의 학설은 당대 조선 미술 연

---

356 박종홍, 「평범한 생활 속에 철학을」, 『박종홍전집』 7, 형설출판사, 1980, 277~278쪽.
357 관야정, 심우성 역, 2003, 『조선미술사』, 동문선, 179쪽.

구자에게 넘어서야 할 산처럼 다가왔을 것이다.

고려청자와 조선백자 인식

고려 시대는 통일신라 시대와 대비되었다. 세키노는 "고려 시대는 그 전성기라 할 수 있으며, 한편으로는 신라 예술의 연장이고, 다른 한편으로는 송·원나라의 영향을 받았다. 신라의 것에 비하면 섬세하고 치밀한 면을 잃어버렸지만 우수한 것을 만들어 낸"[358] 시기로 보았다. 그러면서 "고려 시대는 한편으로 송나라의 영향을 받으면서 다른 한편으로는 고유의 발전을 거두어, 도자공의 황금시대를 이루었다. 다른 예술은 송·원나라의 영향을 받아 그것을 모방하였으나, 청자상감의 경우는 독창적으로 고안을 하여 끝내 그 영향을 일본에까지 끼쳐 실로 경탄할 만한 가치가 있다."[359]라고 높게 평가했다.

하지만 고려 시대 500년을 전체적으로 조망하는데 세키노의 긍정과 부정의 인식이 공존했다. 그는 무신정변 이전의 고려 전기 사회에 관해서는 "고려의 시조 왕건은 건국 초기에 수도를 송악(개성)으로 정하였으며, 그에 앞서 장대하고 화려한 궁궐을 세우고 시전을 두어 고을 이름을 정하였다. … 이후 거란의 침략을 받은 적이 있지만, 거의 200여 년간 비교적 평화로운 시대로 불실적인 문화가 널리 발전하였다."라고 보았다.

358 관야정, 심우성 역, 2003, 『조선미술사』, 동문선, 71쪽.
359 관야정, 심우성 역, 2003, 『조선미술사』, 동문선, 273쪽.

이자겸의 난과 무신정변 이후 "100년간 권신들이 교대로 위복(威福)을 자랑하며 기율과 법강을 크게 어지럽혔다."라고 해서 고려 사회의 기강이 많이 흔들렸다고 보았다. 특히 몽고의 침입과 간섭기를 비판적으로 보았다. 몽골 간섭기 100년 동안 "국왕의 존폐로부터 크고 작은 정무에 이르기까지 몽고의 간섭에서 벗어날 수 없었다. 그리고 제도・문물과 풍속・관습에 이르기까지 몽고를 모방하였다."라고 해서 식민사관의 일환인 '사대성'을 강조한 것이다. 세키노는 고려의 예술과 문화에 관해서도 발전에서 쇠퇴로 전환된 점을 부각했다.

> 고려 시대의 문화를 개관해 보면 대체로 전후 2기로 나눌 수 있다. 전기는 태조의 건국에서부터 고종 초년까지로, 한편으로는 신라의 문화를 계승하고 다른 한편으로는 송나라 예술의 영향을 받으면서 고유한 발전을 이루었다. 후기는 고종 이후부터 패망하기까지이며, 새로 원나라 문화의 영향을 받았을 뿐만 아니라 예술이 서서히 쇠퇴하였다.[360]

개별적인 예술 작품으로 고려자기가 주목되었다. 고려자기에 관해서는 조선인들은 일찍부터 주목했다. 1909년의 글에서 장지연은 "자기는 중국의 고대에 발명되었는데, 시대가 내려오면서 그 기법은 더욱 정밀해졌다. 고려에서는 자기 제조술이 신라와 고구려로부터 발명되어 세상에 '고려자기'가 저명해졌다. 일본은 고려자기 제조법을 배웠는데, 만들어낸 자기가 갈수록 더 정밀하고 아름다워졌다."[361]라고 이해했다.

360 관야정, 심우성 역, 2003, 『조선미술사』, 동문선, 207쪽.

361 장지연, 『만물사물기원역사』, 1909; 황재문 옮김, 『만물사물기원역사』, 한겨레출판, 2014, 283쪽.

한편 고유섭도 고려 시대의 대표적 유물로 고려자기를 언급했다.[362] 그는 "고려자기란 기물 그 자체가 실내의 소용품이 아닙니까. … 고려자기는 참으로 귀족적입니다. … 삼국시대에 밖으로 뻗치던 힘이 고려 시대에 와서 안으로 오그라들며 공예적 기술은 고급화하여 가며 모형과 그림이 명상적으로 발전하였다는 것은 그만큼 민족의 발전이 삼국시대에서 통일신라에 그 절정이 미쳤다고 볼 것이고, 그 다음의 고려 시대는 안정기에 들었고 난숙기에 들었던 것이라 볼 것입니다. 지금 생각하면 우리들이 오늘 이처럼 뒤떨어진 것을 생각하면 전날에 그런 예술을 가졌었다는 것은 꿈같기도 합니다."라고 밝혔다.

나아가 조선인의 입장에서 서술된 고려 시대에 대해 고유섭은 "불상 조각이 신라의 미술 문화를 단적으로 상징하고 있는 것과 같이 고려 문화를 단적으로 상징하고 있는 것은 도자공예다."[363]라고 보면서 고려자기에 대해서는 "고려의 독특한 상감술"[364]을 강조하거나 "고려자기에서 특히 청자만을 통해서도 당시의 귀족적 번화성, 향락성, 델리케이트한 센티멘탈리즘, 문학적 정서, 시적 정서를 엿볼 수 있다."[365]라고 평가했다.

세키노도 고려자기를 높게 평가했다. 그는 고려자기에 관해 "고려 시대 공예의 정화"라고 규정했다. 계속해서 "신라 시대에 이미 견고하고 치밀한 도기를 만들어 종종 황록유를 바른 것도 있었지만, 그 형태나 기교가 치졸한 영역을 벗어나지 못했다. 그런데 고려 시대에 들어와서는 송, 원나라의

---

362 고유섭, 「선죽교위교석로하」, 『고려시보』, 1937.9.1.; 『고유섭전집』 7, 303쪽.

363 고유섭, 「우리의 미술과 공예」, 『동아일보』, 1934.10.9.~20; 『고유섭전집』 1, 157~158쪽.

364 고유섭, 「우리의 미술과 공예」, 『동아일보』, 1934.10.9.~20; 『고유섭전집』 1, 161쪽.

365 고유섭, 「고려도자」, 『동아일보』, 1936.1.11.~12, 『고유섭전집』 1, 370쪽.

영향을 받아 발달하였다. 당시는 청자 · 백자 · 녹자 · 천목유 등 각종 우수한 물품을 산출했을 뿐만 아니라, 고려가 창의적으로 만들어 낸 상감청자의 경우는 정밀하고 화려하여 중국에서도 이와 견줄 만한 것이 없다."[366]라고 평가했다.

세키노는 특히 상감청자에 관해 "고려에서 창의적으로 만들어 낸 것으로, 고려청자의 정수라 할 수 있다. … 화려하고 단아한 수법은 알맞은 색채, 형태의 완전함으로 많은 이채로움을 낳았다."[367]라고 평가했다. 또한 "색의 선명하고 화려함, 형태의 단아함, 기교의 정밀하고 숙련됨이 실로 세계에 자랑할 만하다"[368]라고 보았다.

고려 시대의 조각에 관해서는 "오랜 세월 동안 원나라의 간섭을 받으면서 라마 예술의 영향을 피할 수 없었을 것으로 상상된다. 그 시대의 돌로 새긴 부처 · 보살상 가운데 현재 남아 있는 것은 상당히 많으나, 점차 기교가 치졸해져서 신라의 것과 견줄 만한 것을 발견할 수 없다."[369]라고 평가했다. 세키노에 의해 고려 시대 불교 예술은 신라 시대와 대비되었고, 예술적 가치는 '기교가 치졸하다'해서 낮게 평가된 것이다.

심지어 고려 시대 특히 고려 말에 대해서는 "고려 오백 년 사직도 날로 불운에 들어 현군(賢君)의 근정(謹政)이 없고 아래로는 충량의 단결이 없어 외구내화에 침체되고 쇠약해져 국운이 바야흐로 위험하고 어려운 지경에 있을 적에, 그나마 유일한 배후의 세력인 소위 종주국이란 것도 원나라가

366 관야정, 심우성 역, 2003, 『조선미술사』, 동문선, 269쪽.
367 관야정, 심우성 역, 2003, 『조선미술사』, 동문선, 271~272쪽.
368 관야정, 심우성 역, 2003, 『조선미술사』, 동문선, 350쪽.
369 관야정, 심우성 역, 2003, 『조선미술사』, 동문선, 247쪽.

아직 안 망했고, 명나라가 아직 수립되기 이전의 혼돈한 정세로 말미암아 확실한 의지가 없어지매 국가의 잔운(殘運)은 재촉을 받고 있었다."라고 보았다.

한편 통일신라 시대를 '황금기'라고 이해하는 인식을 넘어시기 위해서는 고려 시대와 조선 시대에 대한 적극적인 평가가 요구되었다. 최남선은 고려 시대를 "국축(局縮)한 반도 조선을 연장하여 대륙 조선의 본태(本態)에 돌아가게 함이 고려인의 조선 전(全)역사에 대하여 부담한 시간적 부서(部署)입니다. … 고려 하나가 당시 천하에 존(在)하여 유일무이한 국가적 독립과 민족적 자활을 보유(保維)한 것을 보게 됨은 다만 조선사에서의 일대 이채(異彩)일 뿐 아니라 실상 세계사상에 거의 드문 일대 특례(特例)라 할 것입니다."[370]라고 주장했다. 그는 고려 시대를 한반도란 공간적 단위를 넘어서 평가하고자 했다.

계속해서 최남선은 고려의 후삼국 통일을 높게 평가했다. 고려의 역사적 사명에 관해 "고려 일대의 역사를 추진시킨 근본 동력은 '조선'의 북진입니다. … 조선인의 민족적 발견이 고려인의 손에 그만큼 진보되고 향상된 것입니다. … 고려 일대의 북면(北面) 회척(恢拓)은 어찌 말하면 한 뼘만도 못한 작은 땅일망정 그 관념상의 가치는 실상 알렉산더 세계 · 카이사르 제국 · 나폴레옹 천하보담도 더 웅장 더 위대한 훈업(勳業)인 것입니다."[371]라고 적극적으로 평가했다. 더불어 그러한 역할의 담당자로 "민족적 자각의 정통을 전승하는 민중"이 강조된 점이 거듭 주목된다.

370 「조선민시론」 10, 『동명』 제13호, 1922.11.26, 3쪽.
371 「조선민시론」 10, 『동명』 제12호, 1922.11.19, 3쪽.

민족사의 관점에서 고려 시대를 긍정적으로 이해했지만 조선 시대를 적극적으로 파악하기는 쉽지 않았다. 조선 지식인에게 '국망'의 원인이라고 간주된 조선 시대를 긍정적으로 조망하기는 어려웠다. 1910년대 중반 안확은 조선 미술의 기원을 단군 시대로부터 '독립적으로 대발달(大發達)'한 것으로, "우미, 고상한 기품과 장엄 웅대한 풍격(風格)"이 있다고 보았다. 하지만 기본적으로 조선 시대에 민족사적으로 '쇠퇴', '퇴축'을 경험했다고[372] 보았다.

일반적으로 당대 미술사학자들의 불교와 달리 유교의 수용으로 인해 예술적 활동이 위축되었다고 보았다. 안확의 경우에도 "불교 동점(東漸)이 미술 공예에 대하여 급격한 진보를 촉진하였다 하면 괴이하지 않으나 미술 동기가 불교라 함은 불가하며 유교 숭배가 오히려 미술을 방해하였다 함이 옳으며 이로써 동기라 함은 크게 불가하도다."[373]라고 비판적으로 보았다.

최남선의 경우도 그러했다. 그는 근래 미술이 쇠퇴한 이유에 관해 정치적 압박, 탐관오리의 박탈과 함께 유교 때문이라고 보았다. 그리고 유교에 관해 "유교가 발흥된 이후로 세상 사람이 미술은 오락적 완농물로 여기고 천대한지라 … 미술의 부진은 유교의 천대를 받아 멸망에 이르렀다. … 특히 미술의 발달뿐 아니라 만반사위가 다 이로써 퇴축함이 된지라 이 때문에 유교는 우리 조선인의 대원수(大怨讐)라 하노라."[374]라고 주장했다.

최남선 스스로 그렇게 해석하지 못했지만, 조선 미술을 통사적으로 서술하기 위해서는 조선 시대에 대한 긍정적 평가가 요구되었다. 도자기에 대해

---

372 안확, 「조선의 미술」, 『학지광』 5, 1915.5, 50~52쪽.

373 안확, 「조선의 미술」, 『학지광』 5, 1915.5, 50쪽.

374 안확, 「조선의 미술」, 『학지광』 5, 1915.5, 51쪽.

안확은 "도기작법은 대발달하니 의장 양식의 풍부와 그 수법 기공의 교묘 및 유약 등은 실로 놀랄만하겠고 … 그러나 이조 시대에 이르러서는 크게 쇠퇴하여 거의 멸절지경(滅絶之境)에 이르렀도다."[375]라고 비판했다. 1920년대 전반기에 최남선과 『동명』은 조선 시대와 조선 도자기를 긍정적으로 평가할 준비가 되어 있지 못했다.

그래서 『동명』의 동인들은 조선 도자기에 대한 관심과 이에 대한 적극적인 평가를 한 일본인 2명의 글을 번역해서 소개했다. 『동명』에서는 야나기 무네요시(柳宗悅)의 「이조 도자기의 특질」, 『백화』, 1922.9; 『동명』 7~10호, 1922년 10월 15일~11월 5일 (4회), 아사카와 노리다카(淺川伯教), 「이조도기(李朝陶器)의 사적(史的) 고찰」; 『동명』 11~16호, 1922년 11월 20일~12월 17일(6회) 연재되었다.

번역은 서구 문명과 문화를 수용하는 지적(知的) 행위이면서 동시에 타자와의 교류를 통해 자기 정체성을 자각하는 '문화적 실천'이라고 할 수 있다.[376] 1922년 9월호 『백화』에 게재된 야나기의 「조선도자기의 특질」이란 글이 그 한 사례이다. 이글에서 야나기는 고려자기와 대비된 조선자기의 가치를 강조했다.

그렇다면 당대 야나기의 조선 문화에 관한 많은 글 가운데 이를 선택한 이유가 있을 것이다. 잡지 『동명』은 이 글을 번역 소개한 첫 부분에서 그 이유에 관해 일기자(一記者)의 필명으로 "한편으로는 씨의 사업을 찬양하는 의미도 있고, 또한 사도(斯道)에 유의하시는 독자 여러분에게 참고가 될 줄 믿

375 안확, 「조선의 미술」, 『학지광』 5, 1915.5, 51쪽.
376 최경옥, 『번역과 일본의 근대』, 살림, 2005, 4쪽.

습니다."[377]라고 밝혔다. 조선인 연구자의 각성을 요구하고 있는 점이 주목된다.

번역된 야나기 무네요시의 글에서 조선 시대에 대한 긍정적 입장이 강조되었다. 그는 조선 시대에 관해 "반도가 대륙에 대한 명수(命數)로 인하여 아직도 정치는 대명(大明)에 구애되지 않으면 아니 되었을 것이다. 그러나 이 시대에는 예술로든지 습관으로든지 문자로든지 조선은 가장 많이 자기의 개성 안에서 살 수 있었다. … 말기의 예술이라 하여 늘 천시되고 냉시(冷視)되어 온 재래의 불운한 명수(命數)를 이로 말미암아 다소간이라도 엄정케 될 수 있으면 매우 다행이라 하겠다."[378]라고 조선 예술의 가치를 긍정적으로 설명했다.

야나기 무네요시는 조선 시대를 문화와 정치로 구분해서 평가했다. 그는 "그 왕조는 외부에 대하여 위대한 왕조는 아니었다. … 그러나 한 번 조선에 들어오면 중국의 수법은 저작(詛嚼)되고 변화되어 미(美)는 전혀 다른 방면에 전환하였다. … 조선의 저의 독특한 화법으로써 자기의 문의(紋儀)로 고쳐 만들었다. … 그것은 중국의 것도 아니고 일본의 것도 아니었다."[379]라고 밝혔다. 중국과 일본의 문화와 구분되는 독자적인 조선 시대 문화에 주목한 것이다.

더불어 통일신라 시대를 예술 문화의 정점으로 생각하는 세키노의 이해와 달리 고려 시대, 조선 시대에도 의미를 부여했다. 이러한 조선 시대에 대

---

377 최남선, 「조선역사통속강화 개제. (8), 『동명』 제10호, 1922.11.5. 6쪽.
378 야나기 무네요시, 「조선도자기의 특질」 (1), 『백화』, 1922년 9월호; 『동명』 제7호, 1922.10.15, 18쪽.
379 야나기 무네요시, 「조선도자기의 특질」 (3), 『백화』, 1922년 9월호; 『동명』 제9호, 1922.10.29, 13쪽.

한 부정적인 인식에 반대해서 아사카와(淺川伯敎)는 "이조는 도기가 쇠퇴한 것 같이 생각한다. 그러나 이것은 심한 독단이니 자세히 조사하여 보면 조선의 도기는 이조에 이르러서 진정한 고유한 색채가 표현되었다고 하고 싶다."[380]라고 주장했다.

나아가 그는 조선 도자기에 대해 "잘된 것은 나는 보고 또 보아도 염증을 모른다. 이런 작품은 중국의 어디에도 없을 것이다. 그 시대에는 전혀 조선 것이 되어 있다. 그리고 그 아름다움은 타국의 우수한 작품과 서로 비교하여도 결코 손색이 없는 것이다."[381]라고 평가했다. 조선시대 도자기의 독자성을 부각한 것이다.

야나기도 고려 시대와 조선 시대의 도자기를 대비해서 다음과 같이 언급했다.[382] 우선 "도자기에 있어서 이조(李朝)는 독립한 이조"라고 해서 조선 시대 자기의 독자성에 주목했다. 그러면서 고려 시대 고려자기와 대비해서 "저 고려기에 볼 수 있던 섬세하고 우미한 감정이 예리한 형상이나 선은 이에서 현저한 변화를 받았다. 외형은 단순화하고 형과 양이 확대되어 감정보다도 오히려 의지의 미가 중심이 되었다."라고 평가했다.

같은 글에서 야나기는 조선 시대 자기 가운데 민예품인 항아리에 주목했다. 조선 시대 항아리의 특징으로 그는 선(線)을 강조했는데, "곡선 중에서 직선을 섞은 것은 지(地)의 미(美)와 역(力)의 미(美)를 탐구한 결과이다. 아연(俄然)히 변화를 받은 이조의 형상은 유교의 배경 없이는 생각할 수가 없

380 아사카와 노리다카, 「이조도기의 사적 고찰」, 『동명』 제11호, 1922.11.12., 7쪽.

381 아사카와 노리다카, 「이조도기의 사적 고찰」, 『동명』 제12호, 1922.11.19., 7쪽.

382 야나기 무네요시, 「조선도자기의 특질」 (2), 『백화』, 1922년 9월호; 『동명』 제8호, 1922.10.22, 12쪽.

다. 조선은 이 시대에 요예(窯藝)에서 일찍이 없던 위엄의 미를 구하였다." 라고 평가했다. 이어서 그는 "고려 작품에 여성의 미가 있었을 지경이면 이조 작품에는 남성의 미가 있다. 감정보다도 의지가 미를 지배함이라고 볼 수 있다."라고 결론 내렸다.

고려의 여성성과 조선의 남성성 대비한 것이 특징이다. 거듭 조선 시대의 예술품에 대해 야나기는 "대개는 그것이 말기의 작품이라 하여 천대하는 것 같다. … 조선 예술에 대한 새로운 변호(辯護)를 세상에 보내려고 한다. … 그 미(美)는 단순화에 복귀함에 있다. … 복잡하고 기이한 형상은 거기에는 없다. … 조선은 그 예술로 명예 있는 조선이다. … 조선사를 펴놓고 잔인한 정치에 외면하는 사람은 있어도 미래 영원히 조선의 요예(窯藝)에는 예찬할 것이다. … 불행하게도 그 민족은 목하 이러한 일을 의식할 여가도 없고 흥미도 없다. 얼마나 위대한 것이 자국에 있는가를 이해하는 사람은 거의 없다. 도리어 그 민족의 적이라고 생각하는 일본의 우리들이 그 미(美)를 옹호하라고 구(求)한다. … 조선 사람이 아니고 누가 조선의 것을 만들 수 있으랴. 고유한 예술이 점차로 민멸(泯滅)되어 가는 동양에서 조선의 공예는 특히 귀중한 것의 하나이다."[383]라고 평가했다. 세키노는 일본 예술의 가치를 재조명하기 위해 조선과 중국의 예술품을 이해한 것과 달리 야나기는 조선 예술품의 가치를 동양적 가치와 연결시킨 점이 주목된다.

383 야나기 무네요시, 「조선도자기의 특질」 (4), 『백화』, 1922년 9월호; 『동명』 제10호, 1922.11.5, 7쪽.

5장
조선학과 동양학의 경쟁

1930년대 조선 미술에 관한 인식

민족과 국가 단위의 미술사와 같이 특정 주제의 역사를 서술하는 것이 근대적인 현상이었으며, 조선에 관한 미술사를 서술하는 것은 민족사 서술과 연동될 수밖에 없었다. 1910년대에도 조선 예술과 미술에 대한 주목이 존재한다. 이러한 문제 제기는 일본 유학생 독자를 대상으로 한『학지광』에 발표한 글에서도 드러난다. 1915년에 안확은 "미술은 정신이 물질적 요소 중에 드러난 것이라. 그러므로 미술품의 영묘(靈妙) 여부는 재료의 좋고 좋지 않음에 관계함이 적고 사상의 표현에 있는 것이니 … 국민의 문화 사상을 볼 때 미술과 같은 것이 없으며, 또 미술 공예의 성쇠는 국가 치란(治亂), 흥폐(興廢)에 수반하는 것이라."[384]라고 밝혀 국민성과 예술과 미술과의 관련성을 강조했다.

근대적 학문 방법론의 소개와 수용 과정은 분야별 · 주제별 연구의 확장

384 안확,「조선의 미술」,『학지광』5, 1915.5, 47쪽.

적용이 가능해졌음을 의미한다. 박종홍은 조선 미술사를 연구한 계기에 관해 "역사가 있은 이래로 4천여 년의 세월이 지내온 동안 그 찬란하다는 미술의 조성(造成)으로써 우리의 천직(天職)을 삼아 오도다. 천직이 있는 우리로서 금일에 이르기까지 아직도 한 권의 미술사가 없다고 함은 우리의 무상(無上)한 수치가 아닐까. 과연 통탄함을 감당할 수 없는 바로다."[385]라고 밝혔다.

이러한 논의는 1910년대부터 제기되었다. 안확은 같은 글에서 "우리가 고대 미술을 보면 자가(自家) 보수(保守)의 지조가 무엇이며 고대 유물을 보면 애고(愛古)의 정(情)이 어떠하며 조선의 미술품이 외국 박물관에 진열하여 큰 칭찬을 받는 다면 이를 듣고 외국에 대한 과시의 정(情)이 어떠한가. 미술의 관계가 이처럼 중대하거늘 소위 고등 학식을 닦는 사람은 임관열(仕官熱)에 눈이 빨갈 뿐이요 이에 대한 연구는 전혀 없는지라"[386]라고 밝혔다.

안확은 계속해서 "조선 미술에 관한 연구는 도리어 외국인이 각지에 유린(蹂躪)하여 고묘(古墓)를 발굴한다, 유물을 조사한다 하여 세키노(關野), 야츠이(谷井) 같은 이는 조선 내지에 축도(蹴蹈)치 않은 곳이 없으며 … 조선의 주인되는 자가 어찌 수괴(羞愧)치 않으며 어찌 애석치 않으며 어찌 가린(可憐)치 않으리오."[387]라고 해서 '부끄러움'을 강조했다. 1910년대 후반에 발표한 글에서 이광수도 같은 생각을 피력했다.

---

385 박종홍, 「조선미술의 사적 고찰」 (1), 『개벽』 22, 1922.4, 13쪽.
386 안확, 「조선의 미술」, 『학지광』 5, 1915.5, 52쪽.
387 안확, 「조선의 미술」, 『학지광』 5, 1915.5, 52쪽.

여러 가지 감상이 많은 중에 가장 큰 감상은 우리 청년들에게 조선에 관한 지식이 결핍함이라. 우리는 조선인이면서 조선의 지리를 모르고, 역사를 모르고, 인정(人情), 풍속(風俗)을 모른다. 나는 이번 여행에 더욱이 무식을 간절히 깨달았다. 내가 혼자 상상하던 조선과 실지로 목도하는 조선과는 천리의 차가 있다. 아니 만리(萬里)의 차이가 있다.[388]

조선인에 의한 조선 미술사 연구의 필요성을 강조한 것은 자국 문화에 대한 자국인의 연구가 없음을 '수치'라고 본 것과 연동된다. 이것이 1920년대 조선 문화 연구의 문제의식과도 연결되는 화두였다.

민족 단위의 역사적 '가치'에 주목했던 민족사 서술에서는 조선 예술품의 가치에 대한 강조가 이루어졌다. 설태희는 민족적 요소로 을지문덕, 이순신 등의 위인을 강조하면서 "우리 조선(祖先)이 끼치신 혁혁한 훈업과 탁발(卓拔)한 예술은 영원히 우리와 함께 있어, 우리로 하여금 그를 저버리지 못하게 할 것이니, 누구의 폭위(暴威)로써 능히 이를 민멸(泯滅)케 할 수 있으리오! 조선은 오직 조선인의 조선인저"[389]라고 천명했다. 조선인의 역사적 활동 가운데 조선인의 예술적 업적에 주목하기 시작한 것이다.

야나기 무네요시는 "예술에는 민족의 마음이 나타나 있다. 어떤 민족이든 그 예술에 있어서만은 자신을 참되게 표현한다. 한 나라의 심리를 이해하려면 예술을 이해하는 것보다 더 빠른 길이 없다. 미술사가는 필연적으로 심리학자이다. 나타난 미에서 심리의 번뜩임을 읽을 때 그는 진정한 미술사가일 수가 있다. 만약 조선의 예술을 이해할 수 있다면 우리는 단지 그 미의

388 이광수, 「남유잡감」, 『청춘』 14, 1918.6.
389 설태희, 「조선은 오직 조선인의 조선」, 『동명』 제2호, 1922.9.10, 12쪽.

특질에 관해서만 알게 되는 것이 아니다. 그 표현을 통해 그 민족이 무엇을 원하고 무엇을 호소했는지 알 수 있을 것이다."[390]라고 밝혔다.

조선 민족사의 일환으로 조선 미술에 대한 정리가 요구되었다. 야나기는 "내가 바라는 것은 조선에 대한 이해이다. … 나는 얼마나 많은 조선사가들이 조선 그 자체에 대해서는 전혀 무관심하고 냉담한가 하는 데 대해 놀라고 있다. … 역사는 그 민족과 떨어질 수 없는 것이다. 민족에 대한 통찰과 동정을 도외시하고도 과연 그 민족의 역사가 성립될 수 있는 것일까? 그 민족에 대해 냉담한 자의 붓에서 과연 그 민족의 마음을 나타내는 미술의 역사를 서술할 수 있는 것인가? 그 민족의 장래 운명과 하등 교섭을 갖지 않는 역사를 과연 서술할 수 있는 것인가? 조선의 마음속에 들어가 모든 것을 안으로부터 느끼지 않고는 조선 미술사의 서술은 불가능한 것이다. … 조선에 대해, 또 조선인에 대해 냉담한 자는 조선사가 되기를 사양해야 한다(그러나 이를 사양하지 않는 조선사가가 얼마나 많은가!)."[391]라고 보았다. 에카르트도 조선인의 예술적 능력을 높게 평가했다.

> 조선인들은 언제나 단순하고 아름다운 선, 형, 색을 선호하고, 너무 복잡하고 어수선한 것이나 야한 것에 대해서는 대개 거부감을 갖는다. 이러한 것들에 대한 증거 사례들이 그렇게 많은 것은 아니지만, 그것들은 이 민족의 미술에 대한 천부의 재능과 무의식적인 미적 감각을 우리에게 준다.[392]

---

390 야나기 무네요시, 「조선의 미술」, 『新潮』, 1922.1; 이길진옮김, 1994, 『조선과 그 예술』, 신구, 85쪽.

391 야나기 무네요시, 「조선미술 연구자에게 바란다」, 『中外新聞』, 1926.1.12~14; 이길진 옮김, 1994, 『조선과 그 예술』, 신구, 220쪽.

392 안드레 에카르트, 권영필 옮김, 『에카르트의 조선미술사』, 2003, 열화당, 21쪽.

에카르트는 조선의 건축에 관해 "조선의 건축물에서는 개개 부분에서의 좌우대칭성이 그 특질을 이룬다. 건물 자체를 봐도 아름답지 않다고는 말할 수 없다. 잘 보면 목재를 사용하고 있는 구조의 가장 작은 부분에 이르기까지 매우 면밀하고 정교하게 설계되어 있음을 발견하게 된다."[393] 그리고 "절제와 간소 취향은 조선 가옥 건축물의 특색"[394]이라고 보았다.

세키노의 조선 예술에서 조선적인 특징을 언급한 유물을 살펴보면 다음과 같다. 태종무열왕비에 관해서는 "나는 중국에서 많은 당나라 비석을 보았으나 이와 견줄 만한 것은 보지 못하였다."[395]라고 보았다. 고유섭의 경우에도 무열왕릉비를 소개하면서 "무열왕릉비도 이미 세키노 박사가 '중국에서 종래 다수한 당비(唐碑)를 보았지만 이것에 비적(比敵)할 자를 발견치 못하였다'하였지만 신라 공예로서 세계적 걸작은 이에 한하여 있는 것이 아니다."[396]라고 해서 그의 견해를 재차 인용했다.

고유함은 장점만 존재한 것은 아니다. 세키노는 "통일신라 시대에는 건축과 조각 · 회화가 가장 세련되었으며, 조선 고유의 특색을 표현하고 있다."[397]라고 주장했다. 그러면서도 쌍계사 진감선사비에 관해 "당나라에서 수입된 양식이 말기에 이르러 서서히 조선화되고 고유의 특색을 나타내게 되었으나 기교는 오히려 퇴화하였다."[398]라고 밝혔다. '고유의 특색'을 강조

393 안드레 에카르트, 권영필 옮김, 『에카르트의 조선미술사』, 2003, 열화당, 25쪽.
394 안드레 에카르트, 권영필 옮김, 『에카르트의 조선미술사』, 2003, 열화당, 32쪽.
395 관야정, 심우성 역, 2003, 『조선미술사』, 동문선, 183쪽.
396 고유섭, 「신라공예미술」, 『조광』 1-1, 1935.11,291쪽.
397 관야정, 심우성 역, 2003, 『조선미술사』, 동문선, 350쪽.
398 관야정, 심우성 역, 2003, 『조선미술사』, 동문선, 184쪽.

했지만 '퇴화'가 함께 언급된 것이다.

이러한 점은 통일신라 시대 종에 대한 언급에서도 나타난다.[399] 세키노는 성덕대왕 신종에 대해 "이런 양식의 종은 중국이나 일본에서도 결코 그 흔적이 발견되고 있지 않으므로, 아마 신라에서 새로 창안해서 만든 것"이라고 하면서 "특히 풍만하고 아름다운 당자와 훌륭한 용두는 고금을 막론하고 비길 데 없는 명종(名鐘)이 되게 하였다."라고 평가했다. 그러면서 이 종을 "당시 신라는 예술의 발달이 최고조에 달하였음"을 보여주는 사례라고 보았다. '최고'라는 지점은 언제든지 아래로 내려갈 수 있는 변곡점이기도 했다.

한편 학설의 인용은 학문적 권위의 인정이라고 판단된다. 최남선의 경우에도 1922년 10월의 글에서[400] "조선에서 실지의 유물 · 유적을 가지고 학술적 연구를 시작하기는 광무 6년에 동경제국대학의 세키노씨가 건축 조사에 착수한 것에서 비롯되었다. 그 결과가 그 이듬, 이듬해에 『한국건축조사보고』로 났다. 융희 3년에 대한 정부에서 고건축물 및 고적조사를 착수하게 되매, 저즘께 인연으로 세키노씨가 그 소임을 맡게 되었다. 그 결과로 『한홍엽』, 『조선학술지연구』, 『동 속편』 등이 났다."라고 세키노의 학문적 성과를 강조했다.

그리고 최남선은 그의 학술적 연구는 지속된다고 보았다. 그는 "그 뒤에 일본 사람에게로 계승되어 규모가 점차로 확대되고 사업도 크게 진척되었다. 이로부터 선사 유적 · 고분 · 사적 등의 탐사 · 연구 · 발굴 · 수보(修補)

399 관야정, 심우성 역, 2003, 『조선미술사』, 동문선, 186~187쪽.
400 최남선, 「조선역사통속강화 (4) 고분=개제 4」, 『동명』 6호, 1922.10.8. 11쪽.

등 여러 방면으로 각 해당 방면 전문학자의 손에 상당히 볼 만한 성적이 생겼다."라고 평가했다.

그러면서 한말 시기인 1904년 이래 "해마다 내는 조사보고서와 평안남도에 있는 한나라가 설치한 군(郡) 및 고구려의 유적에 관한 특별보고서, 시베리아에 있는 고민족의 유적에 관한 특별보고서 등은 다 그 노동의 산물이다. 그 중에서도 『조선고적도보』(기간 7책)는 순수한 학술적 편찬으로 귀중한 내용을 가져서 학계의 불후의 건수(建樹)가 되었다."라고 높은 의미를 부여했다.

1920년대 초반에도 세키노의 학문적 권위는 국내외적으로 인정받았다. 야나기 무네요시는 "나는 거의 어느 누구의 도움도 없이 이 글을 썼다. 내가 아는 한 경주 부근의 유적에 대해 가장 정확한 서술은, 작은 책자이기는 하나 기무라 시즈오(木村靜雄)씨가 쓴 『경주지』이다(1912년 10월 발행). 세키노 박사가 편찬한 『조선고적도보』 제5권에는 많은 삽화가 들어 있다."[401]라고 해서 자신이 석굴암에 관한 글을 작성할 때 세키노의 연구를 참조했음을 밝혔다.

세키노의 학술적 활동은 조선인의 문화적 자부심과 경쟁해야 했다. 조선인들이 일본에 많은 영향을 미쳤다는 역사적 경험을 기억하고 있었다. 상고시대부터 조선인들은 일본보다 문화적 요소가 앞섰다고 생각했다.

'병합'되기 직전에 서술된 장지연의 책에서도 "우리나라에서는 고대에 나무, 돌, 질그릇, 기와에 새기는 조각이 매우 발달했다. 그래서 오늘날 오래

401 야나기 무네요시, 「석불사의 조각에 대하여」, 『藝術』, 1919.6; 이길진옮김, 1994, 『조선과 그 예술』, 신구, 140쪽.

된 사찰과 부도에는 왕왕 진귀한 작품이 남아 전해진다. 일본에서는 도리붓시(鳥佛師)가 고구려로부터 조각술을 받아들였고 백제로부터 여러 분야의 공인들을 들어오게 했다."[402]라고 강조했다. 계속해서 일본에 미쳤던 영향을 보다 구체적으로 살펴보았다.

> 일본 역사에서는 유라쿠 천황 때에 백제에서 처음으로 화공이 왔다고 했고, 또 스슌 천황 때에 백제의 화공 백가(白加)가 와서 회화가 진보했다고 했다. 또 스이코 천황 때에 고구려 승려 담징이 이름난 화공으로서 건너와 처음으로 채색화법을 전했다. 오늘날 호류지(법륭사)의 금당에 있는 벽화가 곧 그의 그림이니, 고금에 드문 진귀한 작품으로 일컬어진다. 또 백제의 태자인 아좌(阿佐)가 그린 쇼토쿠 태자의 초상은 일본에서 가장 오래된 화풍(畵風)이라고 했다. 이에 의거하면, 백제와 고구려의 회화 기술이 가장 오래전부터 발달했음을 알 수 있다. 일본의 회화와 채색법은 우리나라에서 수입된 것이다.[403]

1920년대 전반기 조선 미술사를 전체적으로 구상하고자 했던 박종홍은 "동(東)으로 류(流)하매 부상국(扶桑國: 일본을 의미함-인용자)의 사천왕사(四天王寺)를 세우며 법륭사(法隆寺)를 설립했고 그들의 미술사에 있어서 황금시대의 조성자는 우리 배달족(倍達族)이 있음일새로다."[404]라고 주장했다.

조선으로부터 일본으로의 문화 전파는 일본인 야나기 무네요시도 인정했다. 그는 "마치 고대의 일본이 조선 예술로써 그 문명의 첫걸음을 내딛었듯이 지금의 일본도 그것을 돌봄으로써 마음을 키울 수 있는 것이다. 아름

402 장지연, 『만물사물기원역사』, 1909; 황재문 옮김, 『만물사물기원역사』, 한겨레출판, 2014, 275쪽.
403 장지연, 『만물사물기원역사』, 1909; 황재문 옮김, 『만물사물기원역사』, 한겨레출판, 2014, 284~285쪽.
404 박종홍, 「조선미술의 사적 고찰」 (1), 『개벽』 22, 1922.4, 21쪽.

다움에 대한 마음이 풍성한 일본은 이 진리를 받아들일 준비가 이미 갖추어져 있을 것이다. 이 점을 생각할 때 나는 조선 예술의 소개가 젊은 일본인들에게 새로운 경악을 가져다 줄 것을 믿어 의심치 않는다. 그는 머지않아 '조선예술사'를 쓰고 싶다는 희망도 말했다. 그리고 그는 남아 있는 작품들이 무익하게 사라질 것을 애석히 여겨 조선 민족 미술관을 설치하고 싶다는 소망도 적었다."[405]라고 밝혔다.

고려 시대 불교 유물은 고려 불교의 성격을 규정하는 단서를 제공한다. 세키노는 "고려 시대에는 불교가 외면적으로 융성의 극치에 달하였지만, 정신적으로는 오히려 부패와 타락의 늪에 빠져 있었다."[406]라고 강조했다.

『조선 미술사』에서 세키노는 조선 미술사 전체를 다음과 같이 규정했다.[407] 세키노는 조선 예술을 "낙랑군 시대는 아직 밝혀지지 않은 것이 많다. 그렇지만 고구려 시대의 예술을 보면, 고분 내부의 구조와 벽화 장식이 놀랄 만큼 발달하였다. 특히 통일신라 시대에는 건축과 조각 · 회화가 가장 세련되었으며, 조선 고유의 특색을 표현하고 있다. 또한 고려 시대의 상감청자에 이르러서는 색의 선명하고 화려함, 형태의 단아함, 기교의 정밀하고 숙련됨이 실로 세계에 자랑할 만하다. 조선 초기의 것도 웅대하고 견실한 특성을 지니고 있다."라고 규정했다.

그러면서 조선 시대에 조선의 예술이 쇠퇴한다고 거듭 주장했다. 그는 "고래의 예술에 대한 충분한 이해와 수련을 쌓아 우수한 작품을 이루어 낸

405 야나기 무네요시, 「그의 조선행」, 『改造』, 1920.10; 이길진옮김, 1994, 『조선과 그 예술』, 신구, 71쪽.
406 관야정, 심우성 역, 2003, 『조선미술사』, 동문선, 297쪽.
407 관야정, 심우성 역, 2003, 『조선미술사』, 동문선, 350쪽.

민족도 300여 년의 악정(惡政)으로 오로지 정쟁에만 몰두하고 서로를 배척하며 목적의 이해에만 급박하여, 예술미의 별천지에서 유유자적 노닐던 여유로움은 메마르고 타락하여 그 옛날의 세련된 취향을 잃어버리고 조악하고 치졸한 것으로 변화하였다."라고 보았다.

일제의 식민 지배를 문화적 측면에서 긍정했다. 세키노는 "그런데 근년 고적 조사의 결과 옛날의 놀랄만한 예술품이 서서히 발견되고 있으며, 조선 민족이 예술에 대해 얼마나 뛰어난 자질을 타고났는가가 명확해졌다. 특히 근래 총독부에서 미술 전람회를 개최하여 조선인의 예술에 대한 취미를 자극함으로써 오랫동안 이완되어 있던 그들의 감성을 일깨우고 있다. 또한 일본에서 건축가는 물론이고 화가 · 조각가 · 공예가 등이 와서 예술계에서 활동하는 경우가 많아졌다. 조선인 장인은 그 지도와 영향으로 타고난 자질을 회복하여 우수한 작품을 만들어 낼 시기가 곧 오게 될 것이다."라고 해서 조선총독부와 일제 권력에게 조선 문화의 '수호자' 자격을 부여했던 것이다.

한편 조선 미술사 서술에서 나타날 수 있는 애정과 실증의 간극을 야나기 무네요시의 글을 통해 확인할 수 있다. 야나기는 "그 나라의 예술을 아는 것이 그 나라의 인정을 이해하고 사랑을 일깨우며 존경하게 되는 길이 아니겠는가. … 민족이 겪은 온갖 슬픔과 외로움과 또 마음의 아름다움을 주위 어디에서나 발견할 수 있을 것이다. 이러한 광경이 눈에 비칠 때, 도저히 그 나라나 그 사람에게 사랑을 느끼지 않을 수 없을 것이다."[408]라고 자신의 애증이 겹친 감정을 피력했다.

408 야나기 무네요시, 「그의 조선행」, 『改造』, 1920.10; 이길진 옮김, 1994, 『조선과 그 예술』, 신구, 74쪽.

나아가 그는 자신 앞에서 서술된 조선 미술사에 관해 "나는 조선 미술사에 밝은 몇몇 사람을 알고 있다. 나는 항상 그 사람들의 지식을 존경하지만 한편으로는 그 사람들이 예술의 작가인 민족에 대해 냉담한 데에는 놀라지 않을 수 없다. 그들의 연구는 전적으로 지기의 지식을 만족시키기 위한 노력이지 조선의 가치를 수호하고 천명하기 위해서는 아니었다. 더구나 그 민족의 운명이 어떻게 되느냐에 대해서는 조금도 관여한 바가 없다. 지식은 정확할지 모르나 마음은 무척 싸늘하다. 그러한 사람들 속에서 관점을 달리하는 나의 견해는 존재할 만한 적극적인 이유를 가졌다고 생각한다."[409]라고 평가했다.

1925년 차상찬은 전북 지역을 답사하면서 세키노의 업적을 인용했다. 그는 전라북도의 명승과 고적을 소개하면서 교룡산성(蛟龍山城)에 관해 이 성은 "남원읍 서쪽 20 정(町)되는 거리에 있는데 … 축성(築城) 연구 대가(大家) 세키노 박사와 광전(廣田) 문학사의 설에 의하면 이 성은 중국, 조선의 축성법에는 그 예가 없는 교묘한 방법으로 특히 입구의 2중벽은 세상에 지극히 볼 수 없는 축성법이라 운운하였다."[410]라고 서술했다. 세키노를 '축성 연구의 대가'로 표현한 점이 주목된다.

1931년 3월 22일~4월 4일 일본 도쿄의 우에노 공원에 위치한 동경부미술관에서 '조선명화전람회'가 개최되었다. 이 전시의 실질적인 기획자는 세키노였다. 그가 『동경조일신문』에 기고한 글은 이 전시회의 목적을 보다 분명하게 보여준다.

---

409 야나기 무네요시, 『조선과 그 예술』, 筑摩書房; 이길진옮김, 1994, 『조선과 그 예술』, 신구, 13~14쪽.
410 차상찬, 「전라북도답사기」, 『개벽』 64, 1925.12, 103쪽.

그의 기고문에 의하면 조선인들은 미술품에 대한 보존심이 극히 희박하여 작품 보존이 어려운데도 불구하고 지금 남아있는 작품들은 1904년부터 1906년 사이에 조선 미술품들이 외국인에게 팔려나갈 때 이왕가박물관 관주인 고미야 사보마츠가 좋은 작품이라면 다른 사람들보다 더 비싼 가격에 사겠다는 포고령을 내려서 모아 보존한 결과라고 하여 이 전시가 조선 미술품 보존에 힘쓴 이왕가박물관의 노력으로 인해 가능한 것임을 강조했다.[411]

'골동품'에 관한 논의도 새로운 것이었다. 19세기 말에 한 일본인은 "지금 조선에서는 서화 골동품 가운데 귀하다고 할 만한 것이 매우 적다. 그러나 옛 연못에 물이 마르지 않는다는 속담과 같이, 부유한 양반의 집에는 볼 만한 것이 적지 않다. 조선 사람은 평소부터 고고(考古)의 재료로 보존하는 것이 없다. 또 풍아한 마음이 있어 보관하고 있는 것도 없다. … 우리나라 사람으로서 서화 골동품에 뜻이 있는 자는 조선에 가서 그들의 광주리 속을 찾아보면 묘미가 있을 것이다."[412]라고 해서 조선사람은 상품으로서의 골동품에 대한 관심이 적었다고 보았다. 심지어 그는 서울 안국동은 골동품 가게가 많은 것으로 알려졌는데, "조선의 골동품은 볼만한 것이 적다. 또 절반은 우리나라의 제조품이다."[413]라고 낮게 보았다.

당대가 비참할수록 과거에 대한 회고가 강력해졌다. 하지만 화려한 과거는 비참한 당대와 대비되어 설득력을 잃기 쉬웠다. 게다가 일본의 '근대'는 비판보다는 선호될 수밖에 없는 요소가 많았다. 조선 유적과 유물에 대한

411 관야정, 「조선명화보존노고심」, 『동경조일신문』, 1931.3.26; 권행가, 2008, 「1930년대 古書畫展覽會와 경성의 미술 시장」, 『한국근현현대미술사학』 19, 한국근현대미술사학회, 172~173쪽.

412 本間久介, 1894, 『朝鮮雜記』; 혼마 규스케, 최혜주 역주, 2008, 『조선잡기』, 김영사, 190쪽.

413 本間久介, 1894, 『朝鮮雜記』; 혼마 규스케, 최혜주 역주, 2008, 『조선잡기』, 김영사, 263쪽.

일본인의 태도 역시 그러했다. 최남선은 일본인의 문화재 도굴 행위를 비판했지만 '고적조사사업'을 긍정적으로 평가했다.[414]

최남선은 식민지 조선의 예술품이 제대로 보존되지 못하는 현실을 안타깝게 여겼다. 그는 일본에 의해 식민지가 되기 전후한 시점부터 "최근 1, 20년 동안 몰염치한 일본 사람 – 멀끔한 불한당들이 들어와서 땅속까지 호비고 훑는 통에 모처럼 뒤에 온 학자의 보고가 기막히게 비참한 피해를 입은 것은 생각할수록 가석한 일"이라고 보았다.

그런데 최남선은 '좋은' 일본인을 함께 언급했다. 그는 일본인의 도굴을 비판하면서도 유물과 유적을 보호한 일본인의 활동을 언급했다. 그는 "미운 일본인은 동시에 고마운 일본인임을 생각하지 아니치 못할 것"이라고 보았다. 그리고 그들에게 고마워해야 할 것은 '고적조사사업'이라고 한 것이다.

계속해서 그는 일본인이 주도한 고적조사사업에 관해 "고적의 탐구와 유물의 보존에 대하여 근대적 · 학술적인 노력"이라고 보았다. 그러면서 이러한 활동에 소홀했던 조선인들에 관해 부끄럽다고 하면서 "조선 사람이 아니하는 조선 일을 일본인으로 하는 것이기에 그 공열(功烈)이 더욱 빛나는 것"이라고 규정했다.

나아가 이는 "문화에는 국경이 없다 할지라도 - 학술에는 내남이 없다 할지라도, 일본인의 손에 비로소 조선인 생명의 흔적이 천명된다 함은, 어떻게 큰 민족적 수치인 것은 더 할 말 없는 것"이라고 해서 한민족에게 '수치'라는 점을 강조했다.

414 최남선, 「조선역사통속강화 개제」(4), 『동명』 제6호, 1922.10.8, 11쪽.

위의 글에서 최남선은 조선의 유물과 유적을 대하는 입장에 따라 '미운 일본인'과 '고마운 일본인'은 구분했다. 그리고 후자의 경우 '고적조사사업'을 예로 들며 이들이 "고적의 탐구와 유물의 보존에 대하여 근대적 · 학술적인 노력"을 한 점에 주목했다. 『동아일보』에서도 일본인의 조선 유적과 유물 보존에 관해 높게 평가했다.[415]

안확의 경우에도 "아 옛날의 문화는 동양에 선갑(先甲)이 되었으나 조선(祖先)의 유적은 땅속에 매몰할 뿐이요 누가 이를 발견하여 애중(愛重)할 마음을 세울 자가 없으며, 또 미술품 보존의 사상이 결핍하여 사원(寺院) 개인을 불문하고 그 저장이 부(富)하지 못하며"[416]라고 밝혔다.

1934년 손진태는 선사시대의 무덤인 고인돌을 연구하면서 세키노의 연구 성과를 언급했다. 손진태는 "조선의 돌멘(dolmen)을 어느 때 어떤 민족이 무슨 목적으로 건조(建造)하였느냐 하는 것은 실로 어려운 문제"라고 우선 전제했다. 그러면서 만든 사람이 조선 민족의 선조인 예맥족(濊貊族)이며, 용도는 분묘 가족묘 혹은 제단이라는 설을 주장했다. 그러면서 자신의 논리를 보완하기 위해 세키노 박사는 「조선고적도보」 제2책 끝 부분에 은율군(殷栗郡) 북부면(北部面) 운화동(雲化洞)의 돌멘을 수록해서 소개했다.[417]

물론 세키노가 이 유물을 고구려 시대로 본 것에 동의한 것은 아니었다. 손진태는 "세키노 박사의 고구려 시대 석관설(石棺說)은 너무 가까움에 잃은 듯 하야 그대로 믿고 따르기 렵다. 고구려 시대에는 벌써 거석개고분(巨石蓋

---

415 관련 기사로 동아일보, 「조선고적연구 일본학자 간에」, 1922.12.7; 동아일보, 「동양문화보존 일중(日中) 협력 실행」, 1924.12.27 등을 참조.

416 안확, 「조선의 미술」, 『학지광』 5, 1915.5, 51~52쪽.

417 孫晋泰, 「朝鮮돌멘(Dolmen)考」, 『개벽』 신간 제1호, 1934.11, 22~23쪽.

古墳)이 발생된 듯하며 누석분묘(累錫墳墓)가 일반적이었음으로서이다"[418]라고 주장했다. 세키노의 주장에 관해 확실히 믿을 만한 것이 아니라고 판단했다.

그러면서 고인돌 전반에 관해 "돌멘의 건조 시대에 대한 Gowland씨, 세키노 박사, 도라이(鳥居) 박사 등의 학설은 이미 소개하였으나 나는 세 사람의 설에 모두 복종하기 곤란하고 유사 이전으로부터 예맥 및 고구려 초에 걸쳐 건조되었던 것이 아닌가 하는 가설을 여기 제출하여 두고자 한다."라고 밝혔다.

이렇듯 1930년대에도 조선인 학자들 사이에서는 세키노의 학설은 인용과 비판의 대상이었다. 한 사례로 고유섭은 "이와나미 서점으로 주문했던 세키노 타다시 박사의 『조선의 건축과 예술』은 출판되사 곧 주문한 셈인데 품절이라 하여 왔다. 근자에 책이 잘 팔리는 데는 놀라지 아니할 수 없다. … 나도 조선 미술사를 내고 싶은 생각이 든다. 그러나 재료 부족, 참고서 부족에도 실로 어쩔 수 없다. 책을 쓰면, 세키노 박사의 저서와 같은 방식은 아닐 것이지만"[419]이라고 밝혔다. 고유섭은 세키노로부터 받은 영향을 인정하면서도 그와는 다른 방식의 '조선 미술사' 서술을 희망했던 것이다.

세키노 사후 출판된 그의 『조선의 건축과 예술』은 여전히 조선 미술을 연구하고자 하는 연구자들에게 중요한 지침서 역할을 담당했다. 이 책에는 『조선 미술사』를 비롯하여 낙랑 시대의 유적지, 낙랑토성의 봉니(封泥), 집안현의 고구려 시대 유적, 환도성에 관한 논의, 평양 부근의 고구려 시대의

418 孫晋泰, 「朝鮮돌멘(Dolmen)考」, 『개벽』 신간 제1호, 1934.11, 25쪽.
419 고유섭, 『우당 고유섭 전집』 9, 열화당, 2013, 290쪽.

분묘 및 회화, 백제의 유적, 삼국시대의 조각, 가야 시대의 유적, 조선의 석탑, 신라 시대의 건축, 불국사 사리석탑, 조선 최고의 목조건축 등의 내용을 담은 글을 수록했다. 이렇듯 다양한 조선 예술과 유적에 관한 글을 쓴 세키노는 조선 미술사를 연구하기 위한 연구자가 넘어야 할 높은 산이었다.

'조선학'과 '동양학'의 경계

고유섭은 조선 미술품의 아름다움에 주목했다. 그는 "민족국가를 형성할 때 그 문화의 줄거리는 명확히 나타난다고 볼 것입니다. 즉 세계에 자랑하여도 조금도 부끄럽지 않은 고구려의 고분과 벽화, 신라의 조각물, 백제의 탑, 기타 조각물 등 이런 곳에서 옛 조선의 아름답고 기운차고 힘 있는 것을 찾을 수 있습니다. 우리는 이를 연구할수록 옛 것에서 무궁무진한 새로운 맛을 다시금 찾게 됩니다."라고 밝혔다.

야나기 무네요시도 "위대한 것은 과거의 것만이 아니다. 보수적이고 전통적인 조선은 실로 근대에 이르기까지 오래된 허다한 수법을 보유하고 있다. … 현대의 조선에 대해 보다 나은 이해를 하려면 올바른 근대 미술사가 서술되지 않으면 안 된다."[420]라고 주장했다. 두 사람 모두 조선 미술품의 가치와 미술사 정리의 현재적 의미를 모색한 것이다.

학술적 영역에서 일본 측의 조선 예술 연구에 관한 대응 논리가 구축되

420 야나기 무네요시, 「조선미술 연구자에게 바란다」, 『中外新聞』, 1926.1.12~14; 이길진 옮김, 1994, 『조선과 그 예술』, 신구, 221쪽.

어 갔다. 당대 '조선 미술'과 관련된 일본인의 연구는 중국에 대한 '모방'의 측면이 강조되었다. 따라서 조선학 연구는 중국과 인도의 문화를 수입하여 모방했다는 전제를 비판하고, 서양과 중국의 문화와 다른 조선 문화의 독자성을 찾는 것에서 시작해야 한다. 다시 말해 '조선적인 것'에 관한 연구는 중국과 일본이란 타자와의 관계망 속에서, 그리고 이에 관한 근대적 학문 방법론을 통해 체계적으로 정리해야만 했다.

이러한 상황 속에서 1930년대에 들어서자 본격적인 조선 미술사 연구에 뜻을 둔 조선인이 등장했고, 경성제국대학에서 '미학'과 '미술사'를 전공했던 고유섭이 그 대표적인 인물이었다.

1937년 1월에 발표한 글에서 고유섭은 "예술의 연구를 통하여 시대의 문화 정신을 이해하고 … 우리는 미술의 연구를 통하여 개별적으로 시대, 시대를 애무하고 관조하고 이해하려 하며, 전적(全的)으론 인생관 · 세계관을 얻으려 한다."[421]라고 밝혔다.

고유섭은 불교 사찰의 배치에 주목했다. 그는 일본의 사찰 양식에서 "금당과 탑을 동서(東西)로 또는 서동으로 병렬시키는 법을 취한 자가 생기게 되었으니 … 일본에서는 그들의 창조적 의식의 독창적 산물이라 하여 내외에 과시하고 과장함이 실로 컸다."라고 보았다. 이러한 일본 측 주장의 반론을 전북 남원에 위치한 연복사에서 찾았다.

그는 우선 일본인의 주장을 '독단적 과시'라고 하면서, "다시 한 번 반성과 다시 생각할 기회를 던져 줄 것이 이 연복사의 배치법이 아닌가 한다."라

421 고유섭, 「고대미술 연구에서 우리는 무엇을 얻을 것인가」, 『조선일보』, 1937.1.4.; 『고유섭전집』 8권, 185쪽.

고 밝혔다. 그 이유에 관해서는 연복사의 동전서탑(東殿西塔)의 형식에서 찾았다. 그러면서 "적어도 조선에도 이러한 유례가 있었다 함은 학자의 독단을 여지없이 위협하는 통쾌한 사실이라 하겠다."라고 밝혔다. 가람 배치와 관련해서 고유섭 자신의 입장과 다른 일본인 연구자의 견해를 '학자의 독단'이라고 표현되어 있다. 그리고 일본인 학자들과의 학문적 경쟁함을 통쾌하다고 표현한 것이다.

나아가 고유섭은 "고구려의 조형예술 작품으로써 현재까지 잔존된 유물 중에 가장 모뉴멘털한 작품은 고분"이라고 밝혔다. 모뉴멘트(monument)는 역사와 고고학적으로 중요한 기념물 혹은 유적을 의미한다. 이런 유물에 관해 "미숙한 공식적 고고학자의 일부는 제일계통의 고분이 거석으로 처리된 것만 보고 시대적으로 앞선 것으로 보려 하나 이는 밥을 뿜어낼 만한 판단에 속하는 것이요, 회화면에 나타난 내용 수법 등에서 판단하면 오히려 제이계통의 고분이 제일계통에 선행되는 것으로 볼 수 있다. 이는 미술사학의 학도들 중에서 정론이 되어 있는 바"[422]라고 보았다.

고유섭은 자신을 '미술사가'라고 하면서 다른 입장을 '공식적 고고학자'라고 규정했다. 특히 그가 '미숙한 공식적 고고학자'라고 호명한 존재는 일본인 연구자를 의미한다. 고구려 무덤 양식에 대한 시간적 규정에 관해 고유섭은 이러한 논지에 해당하는 인물로 세키노를 염두에 두었다고 판단된다.

그럼에도 불구하고 고유섭에게 미친 세키노의 학문적 영향은 컸다. 그의

422 고유섭, 「고구려의 쌍영총」, 『동아일보』, 1936.1.5.~6; 『고유섭전집』 2, 197~198쪽.

미발표 원고인 『조선미술약사』에서 세키노의 『고적조사보고』와 『낙랑군 시대의 유적』(1927)을 언급했다.[423] 이외에도 충주 탑정리 7층 석탑에 관해서는 "『조선고적도보』 4권에 이 탑의 부근에서 습득하였다는 와당 몇 개가 있는데 … 세키노는 이 탑을 통일 초에 두었나. … 그렇다면 좀 막연한 흠이 있으나 세키노 박사의 통일 초의 설이 가장 유력한 추정이 되는 수밖에 없다."[424]라고 밝혔다.

영주 부석사에 관해서는 "세키노 박사 설에 의하면 수법 형식상 기록의 잘못이요, 실은 그보다 백 년 내지 백오십 년 전의 건물임이 확실하다."[425]라고 주장했으며, 또한 동래 범어사 삼층석탑을 소개하면서 세키노의 『조선건축조사보고서』에서 인용한 내용을 소개했다.[426]

서울 승가사 마애 무조 석불에 관해서는 "일본인 세키노는 이 석불을 고려 초기 불상으로 잡고 고려 조각으로서는 신라 것에 비등할 만한 우수작이라 하였다. 무엇을 근거로 이런 말을 하였는지 모르나, 내가 보기에 이 마애불은 확실히 신라 조각에 틀림이 없다. 눈과 눈썹으로부터 코, 입술이 모두 다 예쁘고 시원스런 표현이라든지, 신라 석조의 특색인 턱 아래 한 곡선을 그어 아래턱을 만든 솜씨며 얼굴의 모습은 턱이 꽉 받치고 원후(圓厚)하고 복스러운 맛이라든지, 옷과 옷 주름과 가부좌의 자세며 팔각형으로 된 천개(天蓋)를 반쯤 돌을 파고 넣은 것과 연좌(蓮座)의 유려한 선 등이 모두 다 신라의 감각이 역력히 드러나고 있다."[427]라고 소개했다.

---

423 『고유섭전집』 6, 63, 74쪽.

424 고유섭, 「고려탑파의 연구」 3, 『진단학보』 14, 1941.6; 『고유섭전집』 3, 95쪽.

425 고유섭 (미발표 원고), 『조선건축미술사 초고』; 『고유섭전집』 6권, 115쪽.

426 고유섭, 『조선탑파의 연구』, 을유문화사, 1948; 『고유섭전집』 4권, 288쪽.

한편 「조선탑파의 연구」에서 고유섭은 세키노가 그의 『조선의 건축과 예술』에서 분황사탑의 구조가 중국의 탑과 유사하다고 보았다고 하면서, "일반 문물 전래의 역사를 보며 계연(係連)의 관계를 볼 때, 사람들은 쉽게 중국 석탑파의 영향 밑에서 조선 석탑도 발생한 것으로 단정한다. 이른바 석조탑파라는 관련적인 지견은 혹 그러할 것이다. 그러나 조건(造建)의 수법 및 양식은 어디까지든지 조선 독자의 것이며, 조선 석탑의 발생 양상으로부터 전승 변천의 자취를 살핀다면 이것은 이론 없이 쉽게 빙해(氷解)될 수 있을 것이다."[428]라고 보았다.

고유섭은 모방보다는 '조선 석탑의 발생 양상'에 주목했던 것이다. 그는 "하나는 백제국의 취향으로서 발생하고 하나는 신라국의 취향으로서 발생한, 각자 별개의 독립의 조형 의사의 산물로서 대립시켜야 할 것이라고 해서 미륵사탑과 분황사탑을 구분했다. 그러면서 두 탑 모두 조선의 자연이 허용한 조선 고유의, 즉 조선에 적합한 소재 발견 시대였다고 말할 수 있을 것"[429]이라고 보았다.

고유섭의 관심 영역은 '조선 석탑', 구체적으로 조선 고유의 탑 양식에 주목했다. 그리고 조선 탑파에 대한 연구에서 기본적인 토대는 탑파 양식의 시대별로 지표를 설정하는 데서 출발했다. 이러할 때 조선 미술(예술)에 관해 세키노가 세운 설에 대한 학문적 대응이 요구된다. 어떠한 논리가 선행된 것일까 혹은 공존한 것일까? 미술사를 시대사 중심으로 서술하는 과정에

427 김용준, 1948, 『근원수필』, 을유문화사; 김용준, 2001, 『근원 김용준 전집』 1, 열화당, 256쪽.
428 고유섭, 『조선탑파의 연구』, 을유문화사, 1948; 『고유섭전집』 3, 257쪽.
429 고유섭, 『조선탑파의 연구』, 을유문화사, 1948; 『고유섭전집』 3, 272쪽.

서 어떻게 구성되었는지를 통해 이를 확인해보고자 한다.

고유섭은 언제부터 어떻게 조선 미술사를 서술하고자 했을까? 그의 미술사 구성은 선행 연구에 대한 비판적 검토에서 비롯되었다.[430] 그는 조선미술사에 관한 선행 연구에 관해 "조선미술사에 대한 술작(述作)이 오늘날까지 전무했으므로[두셋 외국인의 감사할 만한 노작이 있으나, 학적 견지에서 추앙할 만한 자는 없다] 우선 한 조그마한 예비적 입문이 되기를 바랄 뿐이며, 그 이상 더 큰 욕심이 없음을 말해 두는 바이다."라고 언급했다.

미발표 원고이기에 정확한 연도를 알 수 없지만 고유섭은 '조선 미술사' 관련 저술을 하고자 계획했다. 한 주제의 책이나 논문을 집필하기 위해서는 선행 연구 검토가 요구된다. 조선 미술사가 전무하다고 한 것은 조선인이 쓴 '조선 미술사'를 의미한다. 그러면서 그는 "두셋 외국인의 감사할 만한 노작이 있으나, 학적 견지에서 추앙할 만한 자는 없다."라고 평가했다.

둘에 해당하는 사람과 셋에 포함되는 외국인은 누구를 의미할까? 앞의 두 사람은 '조선 미술사'란 주제로 1929년과 1932년에 각각 책을 출판한 에카르트와 세키노를 의미한다. 그리고 남은 한 사람은 고유섭의 저술에서 자주 언급된 야나기 무네요시로 추정된다. 그렇다면 '노작'이지만 "학문적 견지에서 추앙할 만하지 못하다"라고 표현한 이들의 저술은 다른 글에서 어떻게 평가되었는가? 미발표 원고 가운데 하나인 잡지 「학난」에 실린 고유섭의 선행 연구에 대한 입장을 확인할 수 있다.

1929년 출판된 에카르트의 『조선 미술사』에서 대해서는 "민족 감정에

---

430 고유섭, 「조선미술사 서」; 미발표원고, 『고유섭전집』 2, 26쪽.

하소연 하려는 비학구적 조선 미술사"로, 1932년 출판된 세키노의 『조선 미술사』에 대해서는 '물품 목록적 미술사'이며 "재료사로서의 가치를 충분히 갖고는 있다. 그러나 그것이 곧 미술사가 될 만한 것은 아니다."라고 보았다.

그렇다면 이러한 선행 연구에 대비된 그의 '조선 미술사' 구상은 무엇이었을까? 조선 미술사를 구상할 때, 기본적인 단위는 조선이란 공동체를 설정해야 하기에 조선의 역사에 대한 이해가 요구되었다.

고유섭은 당대 조선 역사에 대한 학문적 성과를 다음과 같이 표현했다.[431] 새로운 학문 영역을 개척하고 정립하는 것은 쉽지 않았다. 그는 당대 조선 역사와 문화 관련 서술에 관해 "미술의 배경을 이룰 역사의 그 자체에 참고할 만한 서적이 없다. 근래의 운명론적, 관념론적, 침략사적 서술은 하등 소용이 아니 된다."라고 단정했다.

그렇지만 백남운의 『조선사회경제사』를 높게 평가했다. 심지어 책 제목만이라도 대단한 기대감을 준다고 밝혔다. 그러면서도 "조선 사상의, 특히 불교의 교리 판석과 체계 경위를 서술한 것을 갖지 못하다."라고 밝혔다. 이러한 학문적 토대가 형성되지 않은 상황에서 "미술사를 다만 형식 변천사로만 보지 않으려는" 자신의 학문적 욕심은 채워지기 어렵다고 속내를 피력했다.

조선 미술품에 대한 고유섭의 '애정'은 1938년 12월에 발표된 다른 글에서도 "나는 지금 조선의 고미술을 관조하고 있다. 그것은 여유 있던 이 땅의

431 고유섭, 「학난」; 미발표원고, 『고유섭전집』 9, 26~27쪽.

생활력의 잉여, 잔재가 아니요, 누천(累千) 년간 가난과 싸우고 온 끈기 있는 생활의 가장 충실한 표현이요, 창조요, 생산임을 깨닫고 있다. 그러함으로써 해서 예술적 가치 견지에서 고하의 평가를 별문제하고서, 나는 가장 진지한 태도와 엄숙한 경애와 심절(深切)한 동정을 가지고 대하고 있는 것이다. 만일에 그것이 한쪽의 '고상한 유희'에 지나지 않았다면, '장부의 일생'을 어찌 헛되이 그곳에 바치고 말 것이냐."[432]라고 한 점에서도 확인된다.

한편 조선 미술을 살펴보는 것은 일본과 중국을 포함한 동양 미술을 살펴보는 중요한 열쇠가 되었다. 1920년 6월 발표한 야나기 무네요시의 글에서도 이를 볼 수 있다.[433] 조선에 대한 중국 문화의 영향에 관한 주장에 대해 그는 "어떤 사람은 중국의 영향을 빼면 조선의 예술이 있을 수 없다는 듯이 말한다. 또 중국의 위대함에 비할 조선에는 인성할 수 있는 아름다움의 특색이 없다는 듯이 여긴다. 전문적인 교양이 있는 사람조차도 때로는 이러한 견해를 갖고 있는 듯하다."라고 규정했다.

그러나 야나기는 조선 미술을 비하하는 입장을 '독단'이며, '그릇된 견해'에 불과하다고 보았다. 그는 "일본과 마찬가지로 조선도 중국의 영향을 받았다는 것을 부정하지 않는다. 그러나 어떻게 중국의 감정이 그대로 조선의 감정이 될 수 있겠는가. 특히 뚜렷한 내면적인 경험과 아름다움에 대한 직관을 가진 조선이 어째서 중국의 작품을 그대로 모방했을 리 있을 것인가."라고 전제했다.

---

432 고유섭, 「아포리스멘」, 『박문』 3, 박문서관, 1938.12; 『고유섭전집』 9, 89쪽.

433 야나기 무네요시, 「조선의 벗에게 보내는 글」, 『改造』, 1920.6; 이길진옮김, 1994, 『조선과 그 예술』, 신구, 44~45쪽.

그러면서 그는 독자적인 조선 예술품의 아름다움을 찾고자 했다. 그는 "비록 외면이나 역사에 있어서는 관계가 있었다 하더라도 그 마음과 표현에 있어서는 분명한 차이가 있다는 것을 나는 알고 있다. 조선 민족의 내면적 감정이 고유하고 내면적 역사의 경험이 독특한 것처럼 그 예술 또한 독보적이다. 비평적인 역사가는 그 국시(國是)를 사대주의라고 한다. 그러나 적어도 예술에 있어서는 그렇지 않다. 조선의 예술 그 자체가 그 자신의 아름다움에 있어서 위대하다."라고 평가했다.

이렇듯 조선 미술사에서 '조선'이 강조되면 될수록 동양이란 지역적 단위 안에서 조선의 특수성이 더욱 강조 혹은 규명되어야 했다. 에카르트는 "서양인의 의미에서 이상이 결여되고 있으면서도 조선이 아직도 우리에게 주목과 흥미를 일으키는 미술품을 만들 수 있다는 것은, 조선의 자연스런 풍습적 강인성을 보여주는 것이다. 그러한 미술품의 존재를 기쁨과 사랑으로써 이해하고 인정한다면, 우리의 노고도 헛되지 않았다는 것을 알게 될 것"[434]이라고 밝혔다.

중국과 조선 예술품에 대한 긍정과 부정의 타자는 서양(예술)이었다. 조선 미술을 정의하기 위해서는 서양 미술과 대비된 동양 미술에 대한 개념과 범주 설정에서 출발해야 한다. 다시 말해 동양 미술 속에서 조선 미술의 특징을 밝히는 것이 조선 미술사 서술의 출발점이자 결론이라고 할 수 있다.

또한 일제강점기 동안 세키노의 연구에 관해 "근대 일본의 학문적 견지로 보면 세키노의 한국 조사는 일본 미술사의 구축과 밀접한 관계가 있다

434 안드레 에카르트, 권영필 옮김, 『에카르트의 조선미술사』, 2003, 열화당, 22쪽.

."[435]라고 한 평가가 주목된다. 한 예로 세키노는 고려의 종(鐘)에 관해 "고려의 종을 다수 일본에서 보존하고 있는 것은 연구상 귀중한 자료가 되고 있어 다행이라 하지 않을 수 없다."[436]라고 밝혔다.

고려 시대의 거울에 관해 세키노는 "고려 시대 거울은 대부분 중국, 일본 거울을 모방하였으며, 창의적이고 새로운 것으로 인정한 만한 것이 없을 뿐만 아니라, 그 기교는 정밀함이 결여되었고 무늬는 치졸하다."[437]라고 주장했다. 즉 그의 조선 예술과 문화에 관한 연구의 궁극적인 목적은 "일본 미술을 중심으로 한 '동양미술사' 연구의 원점을 소급한 근대 학문적인 요구로부터 된 것"[438]에 있다고 볼 수 있다.

세키노의 조선 미술품에 관한 관심은 일본의 사례와 비교 대상으로 존재했다.[439] 그는 조선에서 자신이 했던 연구와 조사 활동에 관해 "특히 주의해야 할 점은, 최근 각지의 고분을 발굴·조사한 결과 그 내부에서 다수의 귀중한 공예품을 발견하거나, 동양 최고(最古)의 회화라 할 수 있는 벽화가 모습을 드러냈다는 것이다. 목조 건축과 조각도 고려 말부터 보존되어 온 것이 분명하며, 회화도 고려 시대의 것이 일본에 상당히 보존되어 있는 것으로 알고 있다."라고 밝혔다. 즉 일본에 보존되어 있는 유적과 유물이 관심의 대상이 된 것이다.

당대와 가까운 조선 시대 관련 연구는 일제의 조선 통치의 중요 성과로

---

435 金東園, 『「韓國文化財」形成過程に關する史的考察』, 東京外國語大學 博士論文, 2017, 91쪽.
436 관야정, 심우성 역, 2003, 『조선미술사』, 동문선, 262쪽.
437 관야정, 심우성 역, 2003, 『조선미술사』, 동문선, 266쪽.
438 金東園, 『「韓國文化財」形成過程に關する 史的考察』, 東京外國語大學 博士論文, 2017, 92쪽.
439 관야정, 심우성 역, 2003, 『조선미술사』, 동문선, 67~68쪽.

평가되었다. 세키노는 "조선조의 것은 최근의 탐색으로 각 방면에서 비교적 많은 유물이 세상에 알려지게 되었다."라고 보았다. 그리고 이러한 조사 활동의 축적물은 "비록 양은 적지만 옛 문화의 성질을 생각할 수 있고, 동시에 중국과 일본의 관계를 알 수 있었다. 또한 드물게는 중국이나 일본에서 이미 소멸되어 버린 것을 발견하여 양자의 결함을 보충할 수도 있게 되었다." 라고 해서 조선 미술 연구를 일본 미술을 이해하는 경로로 여겼던 것이다.

김동원에 따르면, 세키노는 동양 건축사 연구에 관심이 높았다. 조선 건축물에 관한 연구는 이러한 연구 활동의 연장선이었다. 따라서 그의 연구는 고건축에 한정되지 않고 조선의 '미술적 유물' 조사까지 확장되었다. 그리고 조선총독부 차원의 지원이 있었다. 그리고 그의 '철저한' 한국 문화재에 관한 조사와 성과를 이루었다. 그리고 이후 식민지 시기는 물론 지금의 한국 '미술사와 '문화제 연구'에 큰 영향을 남겼다고 평가했다.[440]

세키노는 1920년대 조선인에 의한 '조선학' 연구가 천명되기 이전의 조선에 대한 연구의 체계화를 시도한 학자이다. 나아가 그는 일본 문화 연구로부터 시작하여 한국과 중국의 예술품에 관한 연구를 바탕으로 '동양학'을 이루고자 했다.

세키노가 한국의 유적과 유물을 조사하고 연구할 때마다 제국 일본은 물론 중국과의 관계에 주목했다. 그는 "실로 당나라 초기의 문화는 당시 세계적이고 위대한 관점에서 중국 예술의 최고 절정에 달했다. 그리고 그 우수한 예술은 통일신라 시대에 수입되어 당시 많은 양식의 기초가 되었던 것이

440 金東園,『「韓國文化財」形成過程に關する 史的考察』, 東京外國語大學 博士論文, 2017, 50쪽.

다."[441]라고 규정했다.

세키노의 조선 미술사 연구는 일본과 동양미술사 연구의 일환이었다. 김동원은 세키노에 관해 "역사상 조선 미술에 대한 연구를 한 이래 항상 중국과 일본과의 관련성을 염두에 두고 연구를 진행했다. 세키노는 조선 미술을 조선의 '특수적'인 것이라고 이해하지 않고 중국과 일본과의 사이의 가교 역할을 한 것, 즉 동양의 '보편적'인 것으로 파악했기 때문"[442]이라고 이해했다.

반면 안드레 에카르트는 "과거 조선 예술가들의 작품들을 보고 있으면 그것들이 평규적으로 세련된 심미적 감각을 증명하고 있으며, 절제된 고전적인 아름다움을 가지고 있음을 인정하게 된다. 그리고 그 아름다움은 동아시아 미술 분야에서 직접 조선 미술 발달 과정의 한 특징이 된다. … 때때로 과장되거나 왜곡된 것이 많은 중국의 예술 형식이나, 감정에 차 있거나 형식에 꽉 짜여진 일본의 미술과는 달리, 조선이 동아시아에서 가장 아름다운, 더 적극적으로 말한다면 가장 고전적이라고 할 좋은 작품을 만들어냈다고 단언해도 좋을 것"[443]이라고 보았다.

에카르트는 조선 미술의 가치에 주목했다.[444] 그는 "우리는 중국에 대해 동양 미술의 스승으로서 당연한 영예를 주어야겠지만, 그 가르침을 받은 학생인 조선은 스승의 예로부터의 전통양식을 계승하고 지켜 갈 뿐 아니라, 많은 경우 그것들을 더욱 미적으로 심화했다는 생각이 든다. 한편 일본은

441 관야정, 심우성 역, 2003, 『조선미술사』, 동문선, 167쪽.
442 金東園, 『「韓國文化財」形成過程に關する史的考察』, 東京外國語大學 博士論文, 2017, 111쪽.
443 안드레 에카르트, 권영필 옮김, 『에카르트의 조선미술사』, 2003, 열화당, 20쪽.
444 안드레 에카르트, 권영필 옮김, 『에카르트의 조선미술사』, 2003, 열화당, 20쪽.

중국과 조선에 순종하는 학생이었다. 일본은 자국의 미술을 고도로 발달시키는 과정에서 양자의 예술형식을 단일화시켰고, 특히 회화와 판화 부분에서 또 도자기와 칠기 공예에서 최고급의 걸작을 만들어냈다."라고 평가했다.

그러면서 에카르트는 조선 미술은 중국이나 일본의 그것과 비교했다. 그의 주장에 따르면, 중국에서는 여성의 전족, 일본에서는 분재라는 불구의 것이 이상적인 미가 되었으나 조선의 경우는 이러한 것과는 전혀 관계가 없다. 결국 조선은 항상 아름다움에 대해 자연스러운 감각을 지니고 있으며, 그 아름다움이 극치를 이룰 때 그것을 고전적으로 표현했던 것"으로 보았다.

에카르트는 중국의 영향을 넘어선 조선 예술품의 특징을 '창의성'에서 찾았다. 그는 "조선의 옛 문헌에 나와 있는 미술의 규범에 대해 언급한다고 하면, 대개 이 규범들은 중국에서 받아들인 것이어서 조선 미술사를 위해서는 별로 새로운 것이 없다. 대체로 중국 미학은 철학적인 사변과 점(占), 또 예술과의 공통되는 부분이 없는 도식적인 현학으로 빠져들고 있다. 반면에 조선 미학은 미술의 규범이나 황금률, 특히 색의 배색이나 적용에 대해 자세히 알고 있다는 사실이 전통에서 드러나고 있다. 이 자연적 미술 감각과 미술 취향에 더하여 조선 민족은 훌륭한 예술적 재능을 가지고 있다. 그러나 이 재능은 모방품이 새로운 창의적 작품보다 더 풍부하게 생산되고 있다는 사실과 무관하지 않다. 달리 말하면, 동아시아 일반에서와같이 조선에서 창조적 조형 능력은 모방 능력 정도 이상으로는 발달하고 있지 않다."[445]라고 밝혔다.

조선 문화의 창의적 능력은 민족성과 연동되어 설명되었다. 에카르트는 지속적으로 "조선의 경우 그 특징은 이 민족이 생산한 예술작품의 전체성, 바로 그 각 요소의 이질성 때문에 얼핏 독자적이라는 인상을 주는 전체성이 있다고 할 수 있다. 이러한 점과 관련하여 중국 미술과 문명을 조선의 교본(教本)으로 간주하여 지나치게 강조하는 것은 잘못이다. 바꾸어 말해, 가능한 한 조선과 중국 미술의 차이를 명확하게 제시하지 않으면 안 된다. 또한 초기에 일본에 끼친 중국과 조선의 영향이 지극히 컸기 때문에, 조선 미술사는 일본에 남아 있는 흔적 역시 찾아내야 할 것"[446]이라고 서술했다.

한편 고유섭은 조선의 예술품 전체에 대해 '아담한 맛'에 특색이 있다고 규정했다. 그는 이러한 표현에 관해 "아담하다는 것을 다시 말하면, 아무리 물건이 크다고 해도 조그마하게 보이고, 따스한 가운데 소 구수한 맛이 있음을 발견할 수 있습니다. 보십시오. 중국 것은 물건이 작으면서도 크고 육중해 보이나, 조선 것은 표표하고 가볍고 탐탁해 보이는 것이 특색이라 할 것입니다. 고려자기로 보아도 그릇이 밑으로 내려오면서 둥그스럼이 밑이 빨라진 것이며, 또 건물로 보아도 광화문 같은 것은 상당히 크면서도 날아가는 듯한 자태는 조선 것이 아니면 찾을 수 없는 맛이라 할 것"[447]이라고 보았다. 즉 조선 미술품의 정체성 특징을 중국과 일본과 대비해서 특정해서 설명한 것이 특징이다.

야나기 무네요시도 이러한 관점에서 조선 예술에 관심을 기울였다.[448]

---

445 인드레 에카르트, 권영필 옮김, 『에카르트의 조선미술사』, 2003, 열화당, 21쪽.
446 안드레 에카르트, 권영필 옮김, 『에카르트의 조선미술사』, 2003, 열화당, 23~24쪽.
447 고유섭, 「묵은 조선의 새향기」, 『조선일보』, 1937.12.12.~13; 『고유섭전집』 9, 302~304쪽.
448 야나기 무네요시, 「조선미술 연구자에게 바란다」, 『中外新聞』, 1926.1.12~14; 이길진옮김, 1994, 『조선과

그는 조선에 관한 연구의 중요성을 "황폐된 중국에서 이 때 고대의 조사가 곤란하게 되어 있는 오늘날, 조선의 연구는 2배의 의미를 갖는다고 할 수 있다."라고 보았다.

그는 중국과 조선 문화의 연구를 일본인이 중심이 된다고 보았다. 그 이유를 "위대한 중국은 불행하게도 잠을 자고 있다. … 조선을 돌이켜 볼 때 그들도 역시 불행한 상태에 놓여 있다. 모두들 정치가가 되려 하고 있으나 아무도 미술가가 되려고 하지 않는다. 조선의 미술을 사랑하고 스스로 고국을 위해 명예로운 역사를 헤쳐 나가려는 사람이 없다."라고 밝혔다.

일본인이 연구의 중심이 된다는 사실은 세키노와 같은 일본인 연구자의 임무와 역할과 유사할 것이라고 볼 수 있다. 그렇지만 야나기의 차이점은 "사정을 이렇게 만든 죄의 절반이 우리에게 있다는 것을 감히 누가 부인할 수 있는 것인가"라고 밝힌 점에 있다. 제국 일본의 지배 논리에 관한 비판이 전제된 것이다.

그러면서 그의 인식은 제국 일본의 논리와 유사한 점도 있다. 동양미술사의 완성은 일본인에 의해 이루어진다고 본 것이다. 그는 "동양의 것을 옳게 이해하는 것은 동양인뿐이다. 조선 미술사는 동양인이 완성하지 않으면 안 된다. … 지금 그것을 할 수 있는 사정에 놓인 것은 오직 일본인뿐"이라고 강조한 것이다.

1928년 동경제국대학 교수직을 퇴임한 세키노는 국보보존위원의 자격으로 조사활동에 전념했다. 그는 1931년 4월 2일부터 3회에 걸쳐 『동경조

그 예술』, 신구, 218~219쪽.

일신문』에 조선회화사에 대한 글을 발표 「조선의 그림에 대하여」를, 『동경 조일신문』, 1931년 4월 2~6일 자에 연재했다.

그는 이글에서 "이 전시가 결과적으로 조선 미술사에 대한 대중적 관심을 불러일으키는 계기가 되어 세키노의 강연집인 「조선미술사강좌」(1924년 조선사학회 발행)를 단행본 『조선 미술사』로 출판하게 된다. 이러한 일련의 과정들은 오늘날 명작으로 알려진 작품들이 조선 미술사가 채 정립되어있지 않았던 1930년대 당시의 상황 속에서 서화 전람회라는 형식을 통해 어떻게 대중들에게 발견되고, 평가되는지를 보여주는 대표적 예가 된다."[449]라고 밝혔다.

세키노가 쓴 『조선명화집』(1933)의 서문에서는 "이조 시대 초기에는 안견, 강희안, 이상좌, 이정과 같은 대가들이 있고 그 유작은 희소하나 그들의 고매한 기상, 비범한 기량을 엿볼 수 있다. 후기는 김명국, 이정을 필두로 정선, 심사정, 김두량, 김홍도 등의 명장들이 다양한 산수, 인물, 신선, 화훼 영모에 특기를 드러내고 그 유작도 풍부하여 이로써 반도화단의 진상(眞相)이 세상에 펼쳐지게 되었다. … 종래 조선의 회화는 일본에 전해진 것이 적고 또 조선에서도 근세 회화를 애호하는 풍이 결핍되어 그 보존 역시 잘되어 있지 않았다. 때문에 고래의 명품이 흩어지고 소멸되어 버리는 경우가 많았다. 총독부와 이왕가박물관을 제외하고는 개인 수장가들이 극히 적고, 내선 학자와 미술가의 조선화에 대한 인식도 결핍되어 있었다. 따라서 이번 국민미술협회와 취락사의 노력에 의해 이같이 대표적인 회화를 총망라한

449 권행가, 2008, 「1930년대 古書畫展覽會와 경성의 미술 시장」, 『한국근현현대미술사학』 19, 한국근현대미술사학회, 175쪽.

도록이 발행된 것은 학계나 미술계 모두에 다행인 일이다. 이를 통해 일본과 중국 사이에 있는 일종의 특색을 갖춘 조선화의 진상(眞相)을 처음으로 세간에 소개하게 되었으며, 학자와 미술가들의 연구에도 좋은 대상을 만든 것이다."[450]라고 전망했다.

오세창이 소장한 「달마절로도해도」와 「신선도」, 이상조의 「나한도」, 강희안의 「산수도」, 심사정의 「조치도」 등은 "조선명화전람회에도 출품되었을 뿐 아니라 세키노 타다시가 집필한 『조선 미술사』에도 거론되는 등 여러 차례의 반복적인 드러내기를 통하여 '명화'로서 자리매김하는 작품이 된다."[451]라고 평가했다. 세키노는 조선 그림의 가치를 부여하는 역할을 담당한 것이다.

세키노는 1934~35년에 보물고적명승천연기념물보존회 위원을 역임했다. 1930년대에 식민지 조선인의 입장에서 고적 보존은 여전히 중요한 물음이었다. 1935년 6월 『조선일보』에 개제된 사설 「고적보존의 요의(要義)」는 그 대표적인 사례였다.[452]

이글에서는 조선의 유물과 유적이 잘 보존되지 못한 이유를 전쟁과 도굴에서 찾았다. 조선은 '문화 구방(舊邦)'이라고 하면서도 "고적 유물도 많았건만 다만 역대의 상란(喪亂)과 또는 그 보호의 방법이 마땅치 못했으므로 파괴 연멸(煙滅)된 것이 많은 것도 또한 사실이다. 신라 당시의 국보로 꼽던 미

450 관야정, 「서문」, 『조선명화집』, 취락사, 1933; 권행가, 2008, 「1930년대 고서화전람회(古書畫展覽會)와 경성의 미술 시장」, 『한국근현대미술사학』 19, 한국근현대미술사학회, 177~178쪽.

451 권행가, 2008, 「1930년대 고서화전람회(古書畫展覽會)와 경성의 미술 시장」, 『한국근현대미술사학』 19, 한국근현대미술사학회, 171~172쪽.

452 (사설) 「고적보존의 요의(要義)」, 『조선일보』, 1935.6.4, 1면.

술의 정화인 경주 황룡사가 몽골 병화에 분실(焚失)됨과 같은 것은 전자의 한 사례이거니와 평양, 개성 등에 있는 능묘 부장품의 도굴됨과 같은 것은 후자의 한 사례"라고 보았다.

그럼에도 불구하고 조선의 예술적 가능성을 찾고자 했다. 1930년대 중반에도 여전히 조선인 중심의 문화를 모색하고자 한 것이다. 같은 글에서는 "조선에서 수려한 자연미와 아울러 자랑할 인문의 결정품인 고적 유물에 대하여 영구히 보존의 방도를 강구하여야 할 것은 이 땅에 사는 인간의 일종의 의미이다. 이는 민족의 유산으로서 뿐만 아니라 이 땅의 미관을 증진함에 있어서 막대한 관계를 가졌으니 고적 보존의 요의가 실로 이점에 있다 하겠다."라고 당부했다.

1927년 송산리 6호와 29호. 그 안에서 송산리 6호분에서는 사신도 벽화, 전축분의 구조, 명문전 등이 확인되어 학계의 이목을 집중시켰다. 세키노는 명문전을 '梁良(?)ㅁ爲(?)師矣'로 판독하고 '良(?)ㅁ'은 양에서 온 전공(塼工)이 아닐까 추정하였다. 나아가 벽돌의 제법(製法)과 전법 형식이 양에서 직접 전래된 것이라고 하면서 백제 문화가 남조 특히 양에서 많은 영향을 받았다는 명확한 증거라고 하였다.[453]

세키노의 관심은 동양 미술(사)의 전체적인 조망에 놓여 있었다. 또한 동양 미술은 항상 서양 미술과의 대비 속에서 구성되었다.

> 조선인은 중국, 일본의 예술사와 더불어 조선 예술의 변천, 발달의 흔적을

453 이병호, 2011, 「일제강점기 백제 고지(故地)에 대한 고적조사사업」, 『한국고대사연구』 61, 한국고대사학회, 136쪽.

더듬으면서 동양 고유의 취미와 정신이 담겨 있음을 알았으므로, 이제 서양 미술에 비해 특수한 동양 미술의 완성을 기약해야 할 것이다.[454]

세키노의 『조선 미술사』에서는 조선총독부의 고적 조사 사업을 높게 평가했다. 같은 책에서 "조선 민족은 상대에 한 · 위 · 육조의 영향을 받고 송 · 원나라의 영향도 받았으나, 조선 고유의 특색을 표현한 예술이 상당히 많이 만들어졌다. 그런데 혁명 · 전란과 외국의 침략, 불교 배척 또는 국민들이 자국의 역사에 대한 무관심으로 옛 물건을 애호하는 마음이 부족하여 애석하게도 옛날부터 오랜 세월에 걸쳐 이루어진 유형의 문물이 대부분 사라져 버렸다. 그런데 근래에 와서 총독부가 고적 조사 사업을 수행한 결과, 낙랑 · 대방군 시대부터 삼국 · 통일신라 · 고려 이후의 고적 · 유물이 발견되어 고대 예술사에 커다란 빛을 주게 되었다."[455]라고 보았다. 조선 미술에 대한 정리는 일본 미술 나아가 동양 미술과 연동된 것이다.

조선의 미술사를 정리한다는 것은 동양 미술의 복원이었다. 야나기 무네요시는 "조선이 그 예술로 인해 동양 문화에서 그 탁월한 위치를 인정받게 될 날도 멀지 않을 것이다."라고 예상했다. 그 이유에 관해서는 "중국의 예술 앞에서는 조선의 예술이 독립된 가치를 갖지 않는다는 독단이 우리의 이해를 오늘날까지 방해한 것일까. 또는 그 민족 스스로가 자기 나라 미술에 대해 아무런 반성도 연구도 하고 있지 않았기 때문일까. 아니면 조선이라고 하면 문화가 뒤떨어진 가난한 나라라는 잘못된 개념이 화가 되어 있는 것일

454 관야정, 심우성 역, 2003, 『조선미술사』, 동문선, 350~351쪽.
455 관야정, 심우성 역, 2003, 『조선미술사』, 동문선, 349쪽.

까. 혹은 그 나라의 미술이 종류나 양에 있어서 몹시 부족하기 때문일까(양을 부족하게 만들었다는 이 원인이 실로 파괴를 즐긴 왜적의 죄였다는 사실을 어찌 부정할 수 있을 것인가). 어쨌거나 오늘날 그 가치가 확인되고 있지 않다는 것은 매우 이상한 일이다."[456]라고 주장했다.

고유섭은 한국, 일본, 중국의 미술을 비교해서 1935년 11월에 "세상 사람들이 말하되 '중국 예술의 특색은 와전(瓦塼)에 있고, 일본 공예의 특색은 목칠에 있고, 조선 공예의 특색은 석공에 있다."[457]라고 밝혔다.

그리고 조선 미술사를 구상하기 이전에 이미 동양 안에서 한국, 중국, 일본의 미술품의 차이점에 대해 구부하는 의식이 있었다. 창덕궁의 비원을 고유섭은 "정원이라 하기는 너무나 크나, 요컨대 조선의 정신이 적극적으로 말하면 자연을 살리는 데 있고 소극적으로 말하면 인공을 섬양하는 데 있다는 것"[458]이라고 보았다. 이를 통해 한 · 중 · 일의 정원을 다음과 같이 비교했다.

> 중간에 처한 조선 … 산이 높으면 높은 대로 골이 깊으면 깊은 대로 언덕이 있으면 있는 대로 없으면 없는 대로 … 장벽을 쌓되 일본에서는 일직선으로 수평하게 내어 뚫지만, 조선에서는 고저를 따라 층절을 내가며 흘러간다. 이러한 정신이 가장 잘 표현된 것이 이 비원이다.[459]

456 야나기 무네요시, 「조선의 미술」, 『신조(新潮)』, 1922.1; 이길진옮김, 1994, 『조선과 그 예술』, 신구, 82쪽.
457 고유섭, 「신라의 공예미술」, 『고광』 1, 조신일보사, 1935.11; 『고유섭전집』 2권, 341~342쪽.
458 고유섭, 「조선 고적에 빛나는 미술」, 『신동아』, 동아일보사, 1934.10-11; 『고유섭전집』 1, 226쪽.
459 고유섭, 「조선 고적에 빛나는 미술」, 『신동아』, 동아일보사, 1934.10-11; 『고유섭전집』 1, 220~221쪽.

이러한 인식은 1930년대 후반~1940년대 초반에도 이어진다. 그는 "조선 지붕에 있어 생명이라 할 것은 그 곡선미에 있다. 중국의 그것과 같이 창천(蒼天)을 꿰뚫으려는 세력적 곡선도 아니요, 일본의 그것과 같은 성벽적(性癖的) 직선도 아니다. 조선의 곡선은 은일적(隱逸的), 소요 기분의 곡선이요, 강개적(慷慨的), 유연적 기분의 곡선이다."[460]라고 보았다.

중국과 일본과도 대비되었다. 중국과의 대비 속에서 "조선 건축의 계통은 중국계에 속하는 것 … 이러한 계통 속의 한 부문으로서의 조선 건축은 … 조선은 중국의 양식을 전부 포괄하면 그것은 변현시키지 못하고 다만 조선의 힘이 자라는 한에서 그를 섭취하고 말았다. 이것이 조선 건축의 동양에서의 지위다."[461]라고 해서 조선의 건축을 계통적으로 일본과 구분시켰다.

세키노는 1935년(68세) 6월 중국 열하(熱河)를 다녀왔고, 7월 7일 국보 조사를 위해 관서 지방으로 출장을 갔다. 그리고 7월 29일 사망했다. 그를 기억하는 49재를 위해 같은 해 9월 15일은 5시 경성 남산경성호텔에서 다회회(茶話會)가 열렸다. 이 자리에서는 조선에 관한 세키노의 저서가 소개됐는데 『한국건축조사보고』, 『한홍엽』, 『조선예술연구』, 『조선예술연구 속편』, 『조선고적도보』, 『고적조사보고』, 「낙랑시대의 유적」, 「고구려시대의 유적」, 『조선 미술사』 등이 언급되었다.[462] 세키노가 사망한 이후 그의 동양에 관한 인식은 어떻게 기억될까? 한반도의 중국 문화인 낙랑군에 관해 다음과

460 고유섭, (미발표 원고), 『조선건축미술사 초고』; 「고유섭전집』 6, 30~31쪽.

461 고유섭, (미발표 원고), 『조선건축미술사 초고』; 「고유섭전집』 6, 25~26쪽.

462 「關野博士忌日 有志의 茶話會」, 『每日申報』, 1935.9.13, 2면.

같은 1940년의 글이 주목된다.[463]

일제의 침략전쟁에 협력했던 정인택은 낙랑군을 포함한 한나라 4군의 설치를 인정했다. 그는 "한나라 무제가 반도 땅에다 낙랑 기타의 4군을 설치하였다는 것은 결코 명예스러운 일이 아닐지도 모릅니다. 그러나 그 때문에 2천 년 전의 한대(漢代) 문화가 거의 완전한 형태를 전해질 수 있었다는 것은 도리어 감사해야만 할 일입니다."라고 밝혔다.

이러한 이유는 1940년 당시 일제의 침략전쟁이 만주를 넘어서 중국까지 미쳤기 때문이다 그는 중국 한나라의 문화가 조선에 영향을 미친 것에 감사한 이유를 "낙랑군은 420년이라는 오랜 동안 존속해 왔습니다. 그 오랜동안 한나라의 지배가 절대적이라고는 생각할 수 없고 또 한나라로부터 그렇게 수많은 이민이 왔다고도 생각할 수 없습니다. 역시 그 당시에 온 한나라 사람들은 실권을 잡은 몇 사람의 관료와 그들의 가족 및 소수의 종자들이 아니었던가 생각합니다. 그러면 4백 년이라는 장구한 세월 동안 낙랑에 있어서의 한대의 문화를 실제로 키워온 사람은, 실제로 꾸며온 사람은 아무래도 반도인이 아닐 수 없습니다."라고 서술했다.

일제의 침략 전쟁의 확대는 동양이란 공간적 영역의 재조정이 요구되었다. 그는 계속해서 "낙랑 고분에서 나오는 문화와 강서 고구려 고분에서 나오는 문화와의 거리는 역시 대동강 하나쯤 밖에, 그만 밖에 격(隔)하지 않은 것 같아 나는 한층 친근감을 더 가질 수 있었습니다."라고 밝혔다. 낙랑군 관련 유적 가운데 그는 다음과 같은 유물에 주목했다.

---

463 정인택(鄭人澤), 「樂浪古墳群 · 其他」, 『삼천리』 제13권 제11호, 1941.11, 149~150쪽.

> 이번 발굴에서 낙랑 시대 후기에 속하는 낙랑종(樂浪鍾)을 비롯하여 칠기(漆器), 토기(土器) 등 약 이십여 점의 국보급 일품(逸品)이 출토되었다하나 내가 갔을 때는 아직 발굴을 시작한 지 얼마 안 되는 때이라 볼만한 것은 아직 나오지를 않았습니다. 그래도 파헤친 고분 속에서 깨여진 대로 혹은 흙 묻은 대로 얼굴을 내밀고 있는 칠기, 토기 등이 말 없는 가운데 2천 년 동안의 역사 변천을 보아 왔는가 생각하면 산 사람 대하는 듯 감개를 금할 수 없었습니다. 20세기를 지하에 묻혀 있어, 백골까지도 흔적을 남기지 않았는데 오늘날의 진보된 기술로도 제작키 어렵다는 여러 가지의 보배가 원형대로 보존되어 있다는 것은 경이가 아닐 수 없습니다. 그것을 생각하면 흙 묻은 파편 한 개라도 소홀히 할 수 없습니다.

식민지 조선 사람들에게 낙랑군의 유물에 친근감을 만드는데 기여했던 것이 세키노의 조사 활동 덕분이었다. 정인택은 낙랑군의 유적과 유물에 관해 세키노와 일본인 관리의 덕분 때문에 보존되었다고 보았다. 그는 계속해서 "1909년 동경대학의 세키노 박사의 발굴이 있을 때까지 세인들의 기억에서 사라져 있었습니다. 조선고적연구회의 손으로 1916년 이래 소천(小泉) 평양박물관장이 주체가 되어 매년 발굴이 진행되고 있는데 낙랑군 치지(治址)라는 토성을 중심으로 부채형으로 조성된 고분군(古墳群) 전체 총수는 실로 천 사백여 기에 달하고, 현재까지에 발굴을 끝마친 것은 겨우 백여 기에 지나지 않습니다. 그중 도굴당한 것도 적지 않다니 아깝고 서운한 일입니다."라고 밝혔다.

세키노는 조선 문화를 연구하기 시작하면서 동양 미술을 염두에 두었다. 1904년 출판된 『한국건축조사보고』에서도 한국을 통해 일본과의 관계 나아가 동양 미술의 연구에 주목하고자 함이 있었다. 그는 "한국 국민의 건축술은 어떠한 유래를 가지고 어떠한 변천을 했고 어떠한 결과를 가졌었느냐, 일본 및 한(漢)나라와의 관계는 어떠하였느냐, 이러한 문제를 연구하는 것은 세계의 건축사, 특히 동양의 건축사를 연구하는데 있어서 가장 필요하고 흥미가 있는 것"[464]이라고 밝혔다.

또한 세키노는 일본인 연구자에 의해 "중국 · 조선 · 일본에서 주요한 건축 유구, 석굴, 고분을 비롯하여 와 · 전 등의 유물, 더구나 조각 벽화에 이르기까지 면밀한 조사를 행하고, 각각에 대하여 정확한 기록을 남긴 것이었다. 그는 결코 체계화를 서두르지 않고, 정확한 자료가 풍부해짐에 더불어 저절로 역사의 전체상을 보여 오는 것을 기다리는 것 같았다. 또 일본 · 중국 · 조선의 문화 비교 또는 전파 등의 문제를 그는 항상 가슴 깊숙이 담고 있음에 틀림없는데, 이러한 조율의 문제를 정면으로 다룬 논문은 보이지 않는다. 세키노의 업적은 철저한 모노그라피로 시종함으로써 동양미술사의 광범한 체제 가운데 오로지 그 기초를 쌓은 점에서야말로 찾아질 것이다."[465]라고 보았다. 즉 세키노를 책의 서술과 연구에 주력한 즉 학문을 위주로 한 연구자로 평가한 것이다.

이렇듯 세키노는 "식민지 행정에서 미술보호 정책에 가장 큰 영향을 미친 인물"[466]로 평가되고 있다. 또한 혹은 "『조선 미술사』에서 세키노는 통일신라 시대가 조선 미술의 전성기였으며, (조선) 특유의 취향이 발휘되어 화려함과 정교함이 극치에 다다랐다고 설명한다."[467]라고 평가했던 연구자의

464 세키노 타다시, 강봉진 譯, 『한국의 건축과 예술』, 신업도서출판공사, 1990, 36쪽.

465 稲垣榮三, 1983, 「中國 · 朝鮮似おける建築遺跡の硏究:關野貞と建築史學」, 『綜合硏究資料展示解說』, 東京大學綜合硏究資料館, 48쪽: 우동선, 220~221쪽 재인용.

466 金東園, 『「韓國文化財」 形成過程に關する 史的考察』, 東京外國語大學 博士論文, 2017, 147쪽.

견해가 설득력이 있다.

세키노의 학설에 관한 대응은 해방 후 김용준은 "석기시대의 문화뿐 아니라 고구려나 신라나 고려, 혹은 조선왕조의 미술에 이르기까지 일인(日人)의 손에 의하여 연구된 것이 적지 않다. 정리되지 못한 우리의 미술은 그들의 체계를 세우다시피 한 데는 수치스러운 마음을 금할 수 없다. 더구나 외국 사람들이 남의 문화사를 만든다는 데는 전적으로 신용할 수 있을는지도 의문이다."[468]라고 외국인에 의한 한국학의 연구를 '수치'라고 언급했다.

하지만 조선 미술사를 구성하는 과정에서 일제 권력과 일본인 학자의 영향이 컸다. 일본인과 일본의 정체성을 만들어가는 과정이기도 했다. 그렇다면 세키노가 세우고자 했던 조선 미술의 '체계화'는 무엇이었을까?

세키노의 『조선 미술사』에 관해서는 "세키노의 강연을 묶어낸 『조선 미술사』 총론에는 조선의 미술이 삼국시대부터 통일신라에 걸쳐 발달의 정점에 달했고, 고려에는 쇠퇴의 조짐이 보이다가 조선 시대에는 쇠퇴를 거듭했다고 했다. 삼국 및 통일신라의 미술은 마땅히 본받아야 할 '고전'이 되었는데 이러한 인식은 메이지 시대 이래 일본의 지식인 사회에서 줄곧 지향해온 것"[469]이란 평가에 주목해야 한다. 그의 학설에 관한 구체적인 접근은 결국 식민지 조선인에 의한 1920년대 조선학 연구, 1930년대 '조선학운동'에서도 과제로 제기되었던 물음과 연결된다고 생각한다.

467 강희정, 2010, 「야나기 무네요시의 석굴암 인식」, 『진단학보』 110, 진단학회, 204~205쪽.

468 김용준, 1949, 『조선미술대요』, 을유문화사; 김용준, 2001, 『근원 김용준 전집』 2, 열화당, 23쪽.

469 강희정, 2010, 「일제강점기 한국미술사의 구축과 석굴암의 '再맥락화'」, 『선사와 고대』 33, 한국고대학회, 77쪽.

| 참고문헌 |

강현, 「관야정과 건축문화재 보존」, 「건축사연구」 14-1, 한국건축역사학회, 2010.

강희정, 「일제강점기 한국미술사의 구축과 석굴암의 '再맥락화'」, 『선사와고대』 33, 한국고대학회, 2010.

강희정, 「야나기 무네요시의 석굴암 인식」, 『진단학보』 110, 진단학회, 2010.

강희정, 「일제강점기의 조선 불교미술 조사와 복원」, 『미술사와 시각문화』 9, 미술사와시각문화학회, 2012.

국성하, 「일제강점기 일본인의 낙랑군 인식과 평양부립박물관 설립」, 『고문화』 63, 2004.

권순홍, 「고구려 '도성제'론의 궤적과 함의」, 『역사와 현실』 102, 한국역사연구회, 2016.

권행가, 「1930년대 고서화전람회와 경성의 미술 시장」, 『한국근현대미술사학』 19, 한국근현대미술사학회, 2008.

김규원 · 안계복·신우경, 「일제강점기 도상자료를 통한 불국사의 경관변화에 관한 연구」, 『한국전통조경학회지』 33-1, 한국전통조경학회, 2015.

김용철, 「근대 일본인의 고구려 고분벽화 조사 및 모사, 그리고 활용」, 「미술사학연구」 254, 한국미술사학회, 2007.

김윤정 · 서치상, 「범어사 팔상독성나한전의 중건과 건축특성에 관한 연구」, 『대한건축학회논문집』 36-6, 대한건축학회, 2010.

김창호, 「경주 황남리 100호분(검총)의 재검토」, 『한국상고사학보』 8, 한국상고사학회, 1991.

김춘식, 「6~8세기 신라기와 연구 검토」, 『동악미술사학』 7, 동악미술사학회, 2006.

도윤수 · 한동수, 「세키노 타다시의 『한국건축조사보고』 도판 오류에 관한 연구」, 『대한건축학회논문집』 29-2, 대한건축학회, 2013.

목수현, 「일제하 박물관의 형성과 그 의의」, 서울대 고고미술사학과 석사학위논문, 2000.

박현수, 「일제의 조선문화연구」, 『민속학연구』 2, 1995.

선일, 「일제시대 학술조사 사진 아카이브에 대한 연구」, 서울대학교 고고미술사학과 석사학위논문, 2003.

송기형, 「'창경궁박물관' 또는 '이왕가박물관'의 연대기」, 『역사교육』 72, 역사교육연구회, 1999.

심재연, 「조선총독부 문서에서 보이는 춘천 천전리 지석묘군 발굴 조사와 문서행정」, 『인물과학연구』 45, 강원대학교 인문과학연구소, 2015.

양시은, 「일제강점기 고구려 발해 유적조사와 그 의미」, 『고구려발해연구』, 고구려발해학회, 2010.

오영찬, 「'낙랑칠기' 연구와 식민지주의」, 『백제문화』 49, 공주대학교 백제문화연구소, 2013.

오춘영, 「일제강점기 문화재 정책 형성과정 연구」, 『문화재』 51-1, 국립문화재연구소, 2018.

우동선, 「세끼노 타다시(관야정)의 한국 고건축 조사와 보존에 대한 연구」, 『한국근대미술사학』 11, 한국근현대미술사학회, 2003.

이병호, 「일제강점기 백제 고지에 대한 고적조사사업」, 『한국고대사연구』 61, 한국고대사학회, 2011.
이상현, 「이중어 사전과 개념사 그리고 한국문학」, 『반교어문연구』 42, 반교어문학회, 2016.
이종수, 「일제강점기 관야정의 고구려 고분벽화 조사에 대한 고찰」, 명지대학교 미술사학과 석사논문, 2006.
이태희, 「조선총독부박물관의 중국 문화재 수집」, 『미술자료』 87, 국립중앙박물관, 2015.
전민숙, 「무량사 오층석탑의 구조분석과 원형 추정」, 『불교미술사학』 24, 불교미술사학회, 2017.
정인성, 「관야정의 낙랑유적 조사·연구 재검토」, 『호남고고학보』 24, 호남고고학회, 2006.
차순철, 「일제강점기의 신라고분조사연구에 대한 검토」, 『문화재』 39, 국립문화재연구소, 2006.
차순철, 「『한홍엽』과 조선인의 한국문화 인식과정 검토」, 『한국고대사탐구』 11, 한국고대사탐구학회, 2012.
최태만, 「일제시대 한국미술사 서술에 있어서 환경결정주의의 비관적 고찰」, 『한국근현대미술사학』 6, 한국근대미술사학회, 1998.
최혜정, 「일제의 평양지역 고적조사사업과 고적보존회 활동」, 『역사와 세계』 32, 효원사학회, 2007.

고구건일(高久建二), 『낙랑고분문화 연구』, 학연문화사, 1995.
고유섭, 『우당 고유섭전집』 1, 열화당, 2007.
기획편집위원회편, 2009, 『고구려 유적의 어제와 오늘』, 동북아역사재단.
노태돈, 2014, 『한국고대사』, 경세원.
박종홍, 『박종홍전집』 7, 형설출판사, 1980.
세키노 타다시(關野貞), 강봉진 譯, 『한국의 건축과 예술』, 산업도서출판공사, 1990.
유홍준, 2010, 『유홍준의 한국 미술사 강의 1』, 눌와.
이능화, 『조선불교통사』, 1918; 조선불교통사역주편찬위원회, 『역주 조선불교통사』 4, 동국대학교출판부, 2010.
이성규 외, 『낙랑문화 연구』, 동북아역사재단, 2006.
이순자, 『일제강점기 고적조사사업 연구』, 경인문화사, 2009.
이종수, 2011, 『벽화로 꿈꾸다』, 하늘재.
전호태, 2004, 『고구려 고분벽화의 세계』, 서울대학교출판부.
전호태, 2006, 『고구려 고분벽화』, 주식회사 연합뉴스.
조동걸, 『현대한국사학사』, 나남출판, 1998.
최석영, 『일제의 조선 연구와 식민지적 지식 생산』, 민속원, 2012.

關野貞研究會編, 『關野貞日記』, 中央公論美術出版, 2009.
菊池謙讓, 『朝鮮王國』, 民友社, 1896.
金東園, 『「韓國文化財」形成過程に關する史的考察』, 東京外國語大學 博士論文, 2017.
藤井惠介 外, 『關野貞アゼア踏査』, 東京大學綜合研究博物館, 2005.

稲垣榮三, 1983, 「中國・朝鮮似おける建築遺跡の研究:關野貞と建築史學」, 『綜合研究資料展示解說』, 東京大學綜合研究資料館, 1983.
탁지부 건축소, 『韓紅葉』, 1909.

ARI Humanities Series 4

Japanese Imperial Gaze on Choson Culture

First Published 2019
by The Asiatic Research Institute at Korea University
145 Anam-ro, Seongbuk-gu, Seoul 136-701, Korea
www.asiaticresearch.org

아연 인문교양총서 4

조선 문화에 관한 제국의 시선: 세키노 타다시의 연구 중심으로

1판1쇄 | 2019년 6월 3일

지은이 | 류시현
펴낸이 | 이종화
펴낸 곳 | 아연출판부
등록 | 2000년 5월 24일 제6-376호
주소 | 서울시 성북구 안암로 145 고려대학교 아세아문제연구소(136-701)
전화 | 02-3290-1600 팩스 | 02-923-4661
홈페이지 | www.asiaticresearch.org

값 13,000원

ISBN 979-11-89273-12-5
ISBN 978-89-90769-95-4 (세트)

이 도서의 국립중앙도서관 출판시도서목록(CIP)은 e-CIP 홈페이지(http://www.nl.go.kr/ecip)에서
이용하실 수 있습니다(CIP제어번호: CIP2019020581).